Horizons

Basisdossier Les jeunes

CAHIER D'ACTIVITÉS

Herausgegeben von

Rainer Bildheim
Otto-Michael Blume
Dorothea Dannert
Friedhold Schmidt

Ernst Klett Verlag
Stuttgart Düsseldorf Leipzig

Table des matières

Auto-évaluation avant

1 *Reliez les termes grammaticaux ci-contre aux exemples correspondants dans le tableau.*

1 *négation*
2 *mise en relief*
3 *interrogation*
4 *gérondif*
5 *adverbe*
6 *subjonctif*
7 *discours indirect*
8 *pronom relatif*

a) … *en se faisant* petit	
b) On est *quasiment* obligé de choisir une voie.	
c) *Ce qui* m'inquiète, *c'est* la peur du chômage.	
d) Beaucoup de jeunes *disent qu'ils* ne changeraient de parents pour rien au monde.	
e) La famille *n'*est *ni* « ringarde » *ni* « nulle ».	
f) J'aurais préféré qu'elle *fasse* sa crise.	
g) *Que* me *conseillez-vous* ?	
h) Je ne peux jamais faire *ce que* je veux. J'ai enfin trouvé le garçon *dont* j'ai rêvé.	

2 *A quels temps et modes correspondent les verbes suivants ? Attention, pour l'un des verbes il y a 2 possibilités !*

1 *conditionnel présent*
2 *présent*
3 *passé composé*
4 *futur simple*
5 *plus-que-parfait*
6 *subjonctif*
7 *futur antérieur*
8 *imparfait*
9 *conditionnel passé*

a) nous suivions		e) tu as vu	
b) il offrira		f) nous aurons fini	
c) ils étaient partis		g) vous dites	
d) j'achèterais		h) elle aurait ri	

3 *Mettez les verbes suivants au temps et à la personne donnés.*

a) **boire** conditionnel (nous)		f) **envoyer** imparfait (nous)	
b) **être** passé composé (ils)		g) **venir** plus-que-parfait (elles)	
c) **pouvoir** présent (il)		h) **aller** futur simple (je)	
d) **faire** subjonctif présent (tu)		i) **avoir** futur antérieur (tu)	
e) **se lever** conditionnel passé (je)		j) **vivre** passé composé (il)	

4 *Dans les phrases suivantes, cherchez l'/les erreur(s) et corrigez-la/les.*

a) Je la lui vais donner.
b) Voici les livres que j'ai besoin.
c) Je n'ai pas un chat, j'ai un chien.
d) Elle garde toutes les lettres que son ami lui a écrit.
e) Nous faisons toujours que nous voulons.
f) Je suis très content que tu es venu.
g) Elle s'est demandé pourquoi son copain n'écrit pas.
h) Si j'aurais su cela, je n'aurais pas venu.
i) Il réagit moins spontané comme sa sœur.
j) Hier, je m'étais levée tôt, je suis allée au bureau et je rentrais tard.

5 *Avez-vous déjà rencontré les expressions/mots suivants ? Cochez la bonne définition. (Dans certains cas, vous pouvez peut-être deviner la signification de ces mots. N'utilisez en aucun cas un dictionnaire !)*

1 Un équilibre : ☐ Buch über Pferde ☐ Waage ☐ Gleichgewicht
2 Etre célibataire : ☐ ledig/nicht verheiratet sein ☐ berühmt sein ☐ Berufsbezeichnung für einen katholischen Priester
3 Une épreuve : ☐ Prüfung, Probe ☐ Beweis ☐ Ehefrau
4 Un magazine féminin : ☐ Fachgeschäft für Damenartikel ☐ Frauenzeitschrift ☐ Fachausdruck für den Teil einer Schusswaffe

5 Un pédé : ☐ Fußgänger ☐ Pädagoge, Lehrer (Abk.) ☐ Homo, Schwuler (Abk.)

6 Une déception amoureuse : ☐ vorgetäuschte Liebe ☐ enttäuschte Geliebte ☐ Enttäuschung in der Liebe

7 Un séropositif : ☐ Blutgruppe ☐ HIV-Infizierter ☐ Name für ein Immunserum

8 La délinquance : ☐ Abbruch einer Beziehung ☐ besondere Köstlichkeit ☐ Kriminalität

9 Un portable : ☐ Tragetasche ☐ Handy ☐ großes Eingangstor

10 Le racket : ☐ Erpressung ☐ Schläger (z. B. Tennisschläger) ☐ Essen (bei dem Käse geschmolzen wird)

11 Une bagarre : ☐ Gepäckstück ☐ Ring ☐ Schlägerei

12 Une manifestation: ☐ Demonstration ☐ Vorführung ☐ öffentliche, schriftliche (meist feierliche) Erklärung

6 *Dans quels cas votre dictionnaire unilingue peut-il vous aider ? Cochez les réponses correspondantes. (Tous les domaines d'utilisation du dictionnaire ne sont pas cités ici.)*

a) Sie wollen nachschlagen, wie man ein Wort ausspricht.	
b) Sie wollen wissen, ob ein deutsches/englisches Wort die gleiche Bedeutung im Französischen hat.	
c) Sie sind sich bei der Form (Zeit/Modus) eines bestimmten Verbs unsicher.	
d) Sie wollen wissen, wie groß die Einwohnerzahl von Paris ist.	
e) Sie kennen ein Wort, möchten aber aus stilistischen Gründen ein anderes benutzen.	
f) Sie kennen nur das Gegenteil eines gewünschten Wortes.	
g) Das Wort, welches Sie kennen, ist Ihrer Meinung nach zu schwach/stark um auszudrücken, was Sie sagen wollen.	
h) Sie wollen wissen, in welcher Situation man ein bestimmtes Wort/einen bestimmten Ausdruck gebrauchen kann.	
i) Sie möchten wissen, was „einen Kater haben" auf Französisch heißt, kennen aber nur das Wort « le chat ».	
j) Sie möchten wissen, welcher Literaturepoche der Schrifsteller Albert Camus zuzuordnen ist.	

7 *Dans quelle mesure pensez-vous maîtriser les stratégies suivantes ?*

	pas du tout (−)	un peu/en partie (+/−)	bien (+)
Apprendre et réviser le vocabulaire			
Bien utiliser les dictionnaires			
Lire et comprendre un texte			
Repérer les informations d'un texte			
Résumer un texte			
Caractériser un personnage			
Décrire une image			
Rédiger une lettre privée			
Participer à une discussion			

Chapitre 1 : Etre jeune aujourd’hui

1 Etre jeune aujourd’hui

1 Les jeunes – accros de la mode ? *(vocabulaire)*

a) *Regardez les jeunes présentés à la p. 5 de votre manuel. Notez les mots et expressions que vous connaissez déjà concernant le champ thématique « la mode des jeunes ».*
b) *En vous aidant de la stratégie « Apprendre et réviser le vocabulaire » (manuel p. 66–67), regroupez les mots que vous avez trouvés en a) et les mots ci-contre en sujets secondaires, puis complétez le filet de mots ci-dessous.*

le jean – le short – serré – ~~original~~ – le sweat-shirt – la (mini)jupe – féminin – décolleté – la casquette – ~~sombre~~ – le jogging – le soutien-gorge – la bague – flash – le pyjama – à la mode – le tailleur – les baskets – démodé – excentrique – la montre – les bottes – violent – le sac à main – le sac à dos – ~~large~~ – branché – la veste – ~~les chaussettes~~ – près du corps – masculin – clair – le collant – moderne – les lunettes – dépassé – chic – la robe – le piercing – les sandales – ringard – le collier – les tennis – le chapeau

2 C’est subjectif ! *(subjonctif)* → *formation du subjonctif §§ 77–82, emploi §§ 164–167*

Vous vous rappelez ?

1 FORMATION : en général, le subjonctif présent est formé à partir de la 3e personne pluriel du présent de l’indicatif.

Ex. : réussir	→ ils réussissent →	que je que tu qu’il/elle que nous que vous qu’ils/elles	réussiss-	-e -es -e -ions -iez -ent	

(attention : il y a cependant beaucoup de verbes irréguliers)

2 EMPLOI : le subjonctif est employé principalement après :
a) les verbes qui marquent une *volonté*, un *désir*, une *interdiction* (vouloir, souhaiter, interdire, etc.)
b) les verbes qui expriment des *sentiments* (regretter, avoir peur, etc.)
c) les formes *impersonnelles* exprimant la volonté, un sentiment, un jugement, ou une possibilité (il faut que, il est regrettable / normal / possible / que, etc.)
d) certaines *conjonctions* (avant que, bien que, pour que, sans que, etc.)

a) *Cherchez l’intrus ! Soulignez la forme qui n’est pas au subjonctif et donnez l’infinitif.*

1 puisses – pouviez – puissions
2 faisons – fassent – fassiez
3 sachions – saches – savent
4 aille – allez – alliez
5 sont – sois – soient
6 avez – aie – ayez
7 connaisse – connaissons – connaissent
8 doit – doive – devions
9 prenions – prenez – prenne
10 reçoive – reçoivent – reçois

b) *Dites si les verbes soulignés sont à l'indicatif ou au subjonctif. Justifiez votre réponse.*

1 Mes parents sont des gens qui donnent leur avis sur tout.
2 Je suis sûr qu'ils ne s'intéressent pas à ce que je veux faire plus tard.
3 Un jour, il faudra pourtant bien qu'ils apprennent que je ne veux pas faire des études de médecine.
4 J'ai peur qu'ils ne comprennent pas ma décision mais peut-être que je me trompe.
5 Je souhaite qu'ils m'aident et je sais que malgré tout ils m'aiment.
6 Je trouve important que les parents soutiennent leurs enfants dans leurs choix et je n'aime pas qu'ils essaient de détruire nos rêves.

3 Un journaliste témoigne. *(indicatif/subjonctif)* → *§§ 164–169*

Un journaliste qui a réalisé une enquête sur les jeunes d'aujourd'hui parle de ses impressions.

a) *Soulignez d'abord les mots ou expressions qui indiquent qu'un subjonctif est nécessaire.*
b) *Mettez ensuite les verbes entre parenthèses au mode qui convient (indicatif ou subjonctif).*

! Attention ! Les verbes qui indiquent une certitude sont généralement suivis d'un indicatif. → *§§ 166–167*

Je crois que les jeunes ______________ *(avoir)* une vision de la société différente de celle de leurs parents. Je trouve normal qu'ils ______________ *(ne pas être)* prêts à accepter les problèmes de la société comme le chômage et la pollution et qu'ils ______________ *(ne pas vouloir)* refaire les mêmes erreurs que les générations précédentes. J'accepte que la jeunesse d'aujourd'hui ______________ *(ne pas voir)* la nécessité de se révolter et de protester ouvertement contre les injustices, mais je préfèrerais qu'elle ______________ *(se plaindre)* plus radicalement, car c'est aussi son avenir qui ______________ *(être)* en danger. Les jeunes qui ______________ *(s'intéresser)* aux problèmes de société pensent qu'il ______________ *(être)* grand temps qu'on ______________ *(se mettre)* à prendre au sérieux certaines réalités. Ils craignent que l'Etat ______________ *(réagir)* trop tard et exigent donc que la classe dirigeante ______________ *(prendre)* rapidement des mesures. Mais ils regrettent également que la société dans son ensemble ______________ *(ne pas savoir)* s'intéresser aux questions importantes ; selon eux, il faudrait que chacun ______________ *(comprendre)* l'urgence d'agir.

Mais beaucoup de jeunes sont d'avis que les adultes ______________ *(être)* responsables des crises actuelles et que trouver des solutions ______________ *(revenir)* à ces derniers. A mon avis, la seule voie qui ______________ *(permettre)* à la société de trouver des réponses à ces problèmes, ce/c' ______________ *(être)* la coopération entre les générations.

2 Réussir sa vie

Réussir sa vie – réussir dans la vie ? *(compléments du verbe)*

a) *Complétez si nécessaire.* → *§§ 101–104*

Réussir ______ sa vie, c'est avoir beaucoup d'amis. Mais j'ai aussi envie ______ changer d'amis de temps en temps. Le plus difficile est de réussir ______ trouver l'amour de sa vie, il faut souvent ______ chercher longtemps.

Je rêve ______ me marier plus tard avec ma copine, c'est un projet qui donne ______ un sens ______ ma vie. Il faut seulement que je commence ______ décider mes parents ______ nous prendre au sérieux ! Ils ne demandent jamais ______ ce que je veux ______ vraiment. Mais je crois ______ mes amis qui me disent qu'il est difficile ______ réaliser ses rêves. Je souhaite ______ donner ______ le meilleur de moi-même et je crois ______ mes chances de réussite. Pourtant, parfois, il m'arrive ______ avoir peur. Je commence alors ______ penser que je ne vais pas arriver ______ trouver un travail, que personne ne croit ______ moi. Mais je n'aime pas ______ penser tout le temps à mon avenir : mes parents et mes profs m'obligent déjà ______ le faire trop souvent ! Alors j'ai décidé ______ profiter ______ la vie : on n'est pas obligé ______ s'inquiéter tout le temps ! Finalement, être heureux dans la vie, c'est un but difficile ______ atteindre.

b) *Formez des collocations en combinant un verbe de la colonne de gauche et un complément de la colonne de droite. (Attention : certains verbes/expressions sont à utiliser dans plusieurs collocations.)* → *§ 91–96*

réussir	**1**	**A**	avec son voisin
		B	à ses parents d'être plus compréhensifs
commencer	**2**	**C**	de ses problèmes
		D	à trouver un travail
finir	**3**	**E**	un conseil à ses amis
		F	un examen
parler	**4** →	**G**	à ses parents
		H	à réfléchir à son avenir
demander	**5**	**I**	de faire ses devoirs
		J	par trouver l'amour de sa vie

3 Nous, les adultolescents

1 Ce qui fait de nous des adultes… ou pas… *(pronoms relatifs)* → *§§ 158–162*

Vous vous rappelez ?

1 Il y a des adultes **qui** disent nous comprendre.
2 Adulte, c'est un mot **qu'**on ne peut pas prendre à la légère.
3 Laure **dont** les parents sont très tolérants est ma meilleure copine.
4 Je ne sais pas **ce qui** se passe.
Je ne comprends pas **ce qu'**ils disent.
C'est exactement **ce dont** nous parlions.

- **qui** est le sujet dans la proposition relative (et remplace des personnes et des choses [au singulier et au pluriel])
- **que** est le complément d'objet dans la proposition relative
- **dont** remplace le complément (d'un verbe, d'un adjectif ou d'un nom) introduit par *de*
- Dans le discours indirect et autres phrases de la même manière (voir exemples), **ce qui** remplace le sujet, **ce que** l'objet direct, **ce dont** l'objet introduit par *de*.

! **Attention** à l'accord du participe passé avec le pronom **que** :
Ex. : Sophie, que j'ai rencontr**ée** hier dans la rue, est tombée amoureuse de Paul.

a) *Relevez dans le texte les propositions relatives et expliquez la fonction des pronoms relatifs.*

b) *Complétez avec* qui, que, dont, où, ce qui, ce que.

Hélène, __________ a participé au sondage sur l'adolescence, exprime franchement ses idées. Elle parle aussi de ses copains __________ elle connaît bien les coups de blues. La plupart des jeunes ont leur quotidien __________ ils partagent d'une façon assez normale avec leur famille. __________ est très important pour beaucoup d'entre eux, c'est de trouver un bon travail. Mais le chômage __________ ils ont peur reste très élevé. Ils espèrent au moins avoir assez d'argent pour s'offrir tout __________ ils veulent et être heureux. Se débrouiller seuls, prendre des responsabilités est une perspective __________ les inquiète. Et rares sont ceux __________ critiquent une société __________ ne les aide pas vraiment à trouver leur place entre adulte et adolescent. Et leurs rêves ? Les rêves __________ ils n'avaient pas vraiment conscience, enfants, __________ ils veulent vivre, adolescents, et __________ sont oubliés à l'âge adulte... Que deviennent ces rêves ? Leurs parents et les adultes __________ sont souvent stressés, fatigués et mécontents, ne leur servent pas de modèles. Alors les jeunes essaient de prendre les problèmes __________ ils ont avec le sourire.

2 Trans-for-ma-tion *(préfixes / suffixes)*

a) *A partir des verbes/adjectifs et des suffixes donnés ci-dessous, formez des noms de la même famille.*
b) *Puis, pour chacun de ces suffixes, donnez si possible d'autres exemples construits sur le même modèle.*

–(a)tion | –(i)té | –ant,e | –ence | –ance | –age | –ion

1 contredire __________
2 compliquer __________
3 représenter __________
4 confirmer __________
5 disparaître __________
6 cohabiter __________
7 témoigner __________
8 presser __________
9 interroger __________
10 conclure __________
11 libre __________
12 initiatique __________
13 général,e __________
14 tranquille __________
15 adolescent __________
16 courageux __________
17 chômeur __________

c) *Formez le contraire des mots ci-dessous en y ajoutant les préfixes qui conviennent (voir la liste des préfixes à la p. 65).*

1 content __________
2 utile __________
3 connu __________
4 l'apparition __________
5 heureux __________
6 la certitude __________
7 possible __________
8 connaître __________

9 le bonheur ______________________ 11 la mobilité ______________________

10 normal,e ______________________ 12 autoritaire ______________________

4 Je ne sais pas ce que je veux faire…

1 Métier de rêve ou stress ? *(discussion)*

A deux, choisissez une profession (p. ex. chercheur dans le domaine du clonage, réalisateur de films, etc) : vous présentez ses avantages, votre partenaire ses inconvénients.
Vous trouverez des expressions utiles pour une discussion dans votre manuel p. 77–78.

2 Paroles d'adultes : ceux qui ont toujours raison ! *(pronoms démonstratifs / mise en relief)*

a) *Complétez les phrases suivantes avec l'une des constructions ci-contre.* → *§§ 66–67*

ce / cela / ça ;	
celui	*qui*
celle	*que*
ceux	*de / des*
celles	*-ci*

Les profs font partie de ______________ veulent toujours donner des conseils. Mais leurs idées ne sont souvent pas meilleures que ______________ parents. ______________ pensent qu'il est stupide de s'imaginer dans des rôles différents, p. ex. ______________ chef d'entreprise, ______________ acteur/actrice. Les jeunes n'aiment de toute façon pas trop les conseils : ______________ on leur donne sont rarement ______________ ils veulent entendre. ______________ brise les rêves qu'ils ont depuis longtemps et ______________ est donc dur à accepter. ______________ n'est cependant pas une raison de décourager sans cesse les jeunes. En plus, la vie professionnelle des jeunes n'aura peut-être rien à voir avec ______________ leurs parents. Beaucoup de ______________ et ______________ ont du mal à quitter le monde de l'enfance ne se sentent pas assez encouragés par les adultes. ______________ ferait malgré tout du bien d'encourager les jeunes afin que ______________ n'abandonnent pas trop vite leurs rêves, ______________ beaucoup ont depuis leur enfance…

b) *Reformulez les phrases ci-dessous en mettant en relief les éléments soulignés.* → *§ 153*

1 Le système scolaire français oblige les élèves à choisir leur voie dès 16 ans.
2 Il est utile de parler avec des conseillers d'orientation.
3 Ils peuvent vous donner de bons conseils.
4 Il ne faut pas réaliser les désirs des parents.
5 Nous voulons vivre notre propre vie.
6 Je suis le seul à pouvoir décider.

3 Ado, psycho... *(abréviations)*

a) *En remettant les lettres dans le bon ordre, vous obtiendrez une abréviation rencontrée dans les textes du chapitre 1 de votre manuel. Retrouvez ensuite le mot de français standard correspondant à ces abréviations.*
En remettant dans le bon ordre les lettres contenues dans les cases grises, vous obtiendrez le nom d'une personne qui peut vous aider à surmonter vos incertitudes.

1 (le) **AMX** ➔ ____________ ➔
2 (la) **HSOPCY** ➔ ____________ ➔
3 (un,e) **ROPF** ➔ ____________ ➔
4 (la) **KZI** ➔ ____________ ➔
5 **ROSPE** ➔ ____________ ➔
6 (le) **ABC** ➔ ____________ ➔
7 (les) **STMAH** ➔ ____________ ➔
8 (un,e) **DAO** ➔ ____________ ➔
9 **PSAMY** ➔ ____________ ➔
10 (la) **SGSRA'TAM'** ➔ ____________ ➔

Solution : ____________

b) *Si vous connaissez d'autres abréviations, ajoutez-les à la liste.*

5 Désenchantée

1 Heureuse ou mal-heureuse ? *(préfixes)*

a) *Cherchez le ou les intrus.*
b) *Quand emploie-t-on les formes* dés–, més–, im–, au lieu de dé–, mé–, in– ?

de– / dés– : désenchanté, désagréable, décevoir, désillusion, déclarer, déplaire

in,– / im– : impossible, intact, intolérant, intelligent, incertitude, indifférence

mé– / més– : médecin, méconnaître, méchant, mécontent, mésaventure

2 Ne plus y croire *(négation)* → §§ 143–147

Vous vous rappelez ?

Je	ne	comprends	pas.	
Je	n'	ai	rien	compris.
Je	n'	ai rencontré	personne.	
Je	ne	vois	que	les mauvais côtés de la vie.
Je	n'	ai	jamais	réalisé mes rêves.
Je	n'	ai	plus	aucune idée.
	Ne	désespère	pas !	
	N'	as-tu	jamais	aimé ?
J'espère	ne		pas	perdre mes illusions.
	Rien		ne	me satisfait.
	Personne		ne	m'écoute.

Transformez en phrases négatives.

1 La chanteuse chante les rêves des jeunes.
2 Elle parle toujours de l'amour et du ciel.
3 Elle trouve quelqu'un qui l'aide.
4 Tout lui plaît.
5 Elle a trouvé un sens à sa vie.
6 Et vous ? Vous êtes aussi désillusionné(e) ?
7 J'ai déjà trouvé l'amour de ma vie.
8 Quelqu'un me console.
9 Je cherche encore le sens de ma vie.
10 J'espère le trouver un jour.

3 Vous aimez la chanson ? *(parler d'une chanson)*

Complétez le texte ci-dessous. Les mots qui manquent se trouvent dans la grille ci-dessous (voir manuel p. 79). Attention : les mots se lisent aussi de droite à gauche, de bas en haut ou en diagonale.

La chanson ____________ un refrain et quatre ____________ . Quelques ____________ de la chanson riment. La ____________ est dramatique, ____________ très marqué. L'accompagnement dominé par ____________ renforce le dynamisme de la chanson. La voix de ____________ est claire et ____________ . Le ton de la chanson est passionné et sentimental. L'interprétation est-elle en ____________ avec les paroles ?

C	S	I	D	R	Q	V	P	Y	J	A	E
M	Y	E	T	R	O	P	M	O	C	C	V
L	N	B	C	R	A	O	L	O	N	T	I
U	T	S	O	N	I	A	U	B	I	N	S
T	H	A	R	S	N	P	O	S	T	E	S
O	E	Z	O	R	L	I	R	E	M	R	E
S	T	C	D	E	T	S	R	Y	L	Y	R
F	I	E	T	V	I	P	H	O	L	T	P
R	S	S	U	O	R	E	G	I	S	H	X
T	E	M	O	E	I	D	O	L	E	M	E
W	U	D	T	H	O	M	S	A	R	E	S
X	R	E	M	E	I	N	O	M	R	A	H

4 Si la vie était belle... *(phrases conditionnelles)* → § 170

Vous vous rappelez ?

1 Si quelqu'un te console,
→ tu es content.
→ tu seras content.
→ sois content.
(tu ne sais pas encore si quelqu'un va te consoler, parce que tu n'as par exemple encore vu personne aujourd'hui)

2 Si quelqu'un te consolait, → tu serais content. → (... malheureusement, personne ne te console)

3 Si quelqu'un t'avait consolé, → tu aurais été content. → (... malheureusement, personne ne t'a consolé)

Mettez les verbes entre parenthèses au temps et au mode qui convient.

1 Si tu ____________ *(avoir)* des perspectives assurées, tu ____________ *(être)* moins inquiet/inquiète.

2 Et tu ____________ *(se sentir)* moins seul(e), si tu ____________ *(savoir)* à qui tendre la main.

3 Les jeunes ____________ *(être)* plus confiants dans leur avenir si on n' ____________ *(abîmer)* pas autant leurs idéaux.

4 Si tu ____________ *(trouver)* l'âme sœur, tu ____________ *(avoir)* quelqu'un qui ____________ *(pouvoir)* te consoler.

5 Les jeunes ____________ *(se sentir)* plus protégés et moins désorientés si leur entourage leur ____________ *(consacrer)* plus de temps et les ____________ *(écouter)* vraiment.

6 Et ils ____________ *(faire)* confiance à leurs copains et copines, si ces derniers ____________ *(voir)* plus souvent les bons côtés de la vie.

6 Sourire… Profiter de la vie !

1 Souriez ! Profitez de la vie ! *(impératif)* → §§ 79–81

a) *Reformulez à l'impératif « la liste des choses qui peuvent remonter le moral » (manuel p. 13, l. 10 à 26). Ensuite ajoutez vous-mêmes d'autres conseils (toujours à l'impératif).*
b) *Que faut-il éviter de faire si on veut vraiment profiter de la vie ?*
Formulez des conseils en utilisant l'impératif négatif, par exemple : Ne restez pas toujours à la maison !

2 keske c ? *(langage des jeunes)*

a) *Relevez dans le texte suivant les éléments propres au langage des forums de chat.*
b) *Reformulez le texte en français standard en vous aidant, entre autres, du lexique ci-contre.*

Perso je me sens différent par plein de petits trucs. Mais il faut me connaître pour le remarquer. Si on me croise dans la rue j'aurai rien de très spécial. Et je cherche désespèrement un « style », une « attitude » qui reflèterait ce ke je suis vraiment, intérieurement. Mais koi ? Je suis bcp introverti, on me dit svt ke je parle pas assez. C par timidité ? Plus maintenant, je crois. G trop svt surestimé les autres ! Résultat : je suis trop déçu… Keske vs en pensez, vs ? Pkoi vs êtes différents ? Par choix et parce que vous voulez être différents ? Si vs vs sentez intéressés, concernés, hésitez surtout pas à me répondre.

A+ ! Slt !
ado idio :)

Petit lexique du chat

a+/@+	à plus tard
asv?	âge – sexe – ville ?
c	c'est
g	j'ai
koa ? koi ?	quoi ?
Pkoi ?	Pourquoi ?
Keske c ?	Qu'est-ce que c'est ?
Slt	salut
Stp	s'il te plaît
:D	je rigole
:-(	je suis triste
:'-(	je pleure
:)	je suis content

Petit bilan lexical

Complétez la grille ci-dessous.
Tous les mots se trouvent dans les textes du chapitre 1 de votre manuel.

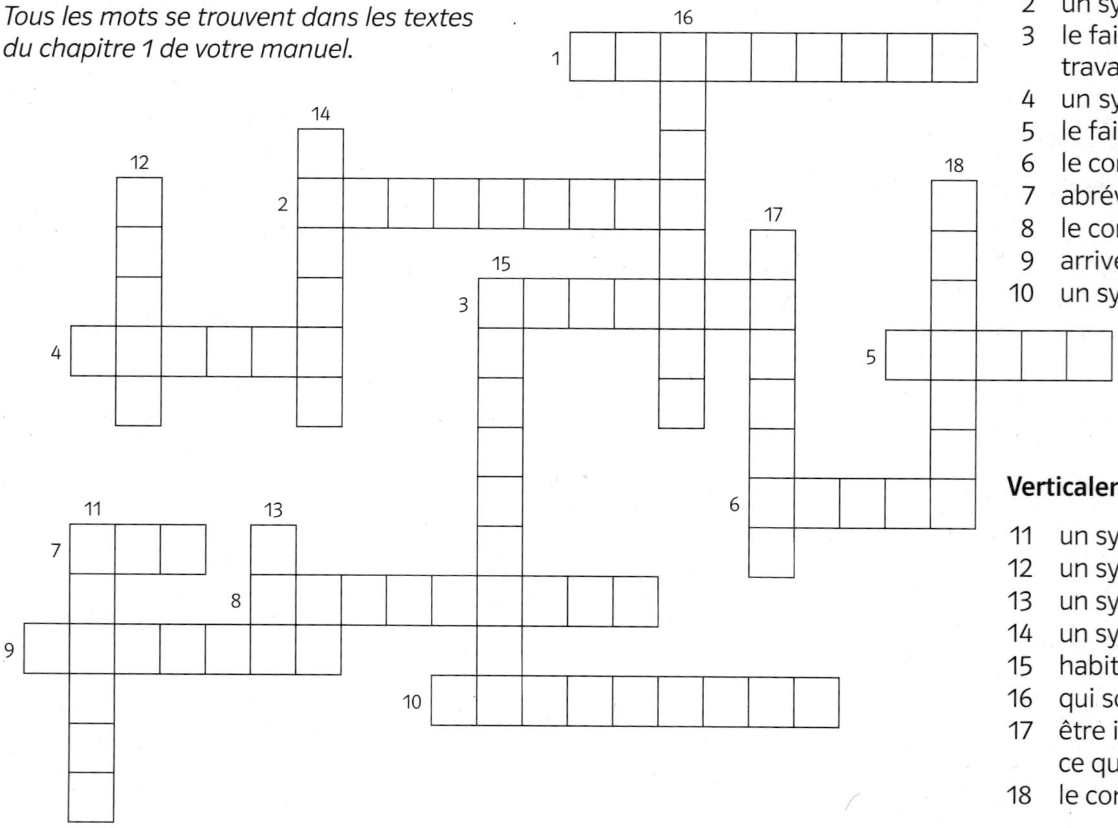

Horizontalement

1 très important
2 un synonyme d'*inquiéter*
3 le fait de ne pas avoir de travail
4 un synonyme de *travail (fam)*
5 le fait de tomber
6 le contraire de *paradis*
7 abréviation d'*adolescent*
8 le contraire de *content*
9 arriver à faire ce qu'on veut
10 un synonyme d'*affirmer*

Verticalement

11 un synonyme de *futur*
12 un synonyme de *désordre*
13 un synonyme de *copain (fam)*
14 un synonyme de *joie*
15 habiter ensemble
16 qui sourit
17 être incertain, ne pas savoir ce qu'on veut
18 le contraire de *malheur*

1 La famille, encore et toujours…

Le plus important dans la famille…
(comparaison, comparatif, superlatif) → §§ 46–47

Vous vous rappelez ?

1 LE COMPARATIF :	X est	moins aussi plus	*(adjectif)* que Y	ou	X a	moins autant plus	de *(nom)* que Y.

2 LE SUPERLATIF : C'est le problème le plus important (… du monde, etc.)
C'est le plus grand nombre (… qui existe / qu'on puisse trouver / etc.)

Regardez le tableau à la p. 14 de votre manuel et comparez les réponses données par les filles et les garçons. Formulez le plus de comparaisons possibles.

Exemples : Fonder une famille est la chose la plus importante pour les garçons et les filles.
Etre célèbre est moins important pour les filles que pour les garçons.
Continuez !

2 Papa, maman, la famille et moi…

1 *absent*	11 *indépendant*
2 *américain*	12 *intact*
3 *banal*	13 *monotone*
4 *bon*	14 *normal*
5 *cher*	15 *petit*
6 *commun*	16 *propre*
7 *cool*	17 *recomposé*
8 *difficile*	18 *sévère*
9 *divorcé*	19 *stressant*
10 *idéal*	20 *vrai*

1 Une famille normale *(place de l'adjectif)* → §§ 41–45

Remettez les adjectifs suivants dans le texte en inscrivant leur numéro devant ou derrière les mots auxquels ils se rapportent (ici en italique). N'oubliez pas d'accorder les adjectifs ! Certains adjectifs peuvent être utilisés plusieurs fois.

Je fais partie d'une ___ *famille* ___ ! Ça veut dire un ___ *père* ___ qui a un ___ *travail* ___ . Ma mère est femme au foyer et mène une ___ *vie* assez ___ . Mais c'est une ___ *mère* ___ . J'ai aussi un ___ *frère* ___ qui passe son temps devant l'ordinateur. Dans l'ensemble, je ne devrais pas me plaindre : j'ai une ___ *famille* ___ , j'ai reçu une ___ *éducation* ___ . Parmi mes copains et copines, il y en a bien sûr beaucoup qui ont des ___ *parents* ___ et vivent dans une ___ *famille* ___ . Mais moi, j'ai l'impression qu'on n'est pas une ___ *famille* ___ : chacun vit sa ___ *vie* ___ et ne s'intéresse pas vraiment aux autres ! On n'a pas de/d' ___ *activités* ___ , mes ___ *parents* ___ ne m'interdisent pas de sortir, il n'y a pas de ___ *règles* ___ à la maison. Je regarde sûrement trop les ___ *séries* ___ avec des ___ *familles* ___ , j'ai cette image de parents qui écoutent leurs enfants et les aident dans les ___ *moments* ___ . Mes amis me disent que j'ai des ___ *parents* ___ , que je suis une ___ *fille* ___ , que c'est super d'avoir autant de libertés. Alors, une ___ *famille* ___ – qu'est-ce que c'est aujourd'hui ?

2 Incomplète, la famille ? *(ellipses)*

Une *ellipse* ou une *phrase elliptique* est une phrase grammaticalement incomplète dont le sens reste cependant évident dans le contexte.

a) *Repérez dans le texte de votre manuel p. 15–16 toutes les ellipses, puis transformez-les en phrases complètes.*
b) *Quel est l'effet des ellipses dans le texte ?*
c) *Choisissez trois phrases du texte et transformez-les en phrases elliptiques.*

3 Salut Aurélien ! *(lettre privée)*

En vous aidant de la page stratégie « Rédiger une lettre privée » (p. 75 de votre manuel), complétez la réponse de Julie au témoignage d'Aurélien (p. 16 de votre manuel).

Lyon, ______________________

______________________ Aurélien,

Je viens tout juste de lire ______________________ : ce n'est pas ______________________ ce que tu racontes là !

Tu dis que tu trouves la vie dans ta famille ______________________ . Mais tu sais, c'est ______________________

dans toutes les familles. Que veux-tu, c'est la vie moderne qui veut ça, on n'y peut rien...

En fait, c'est plutôt le manque de communication qui ______________________ dans ta famille. Ce que tu voudrais,

c'est que tes parents ______________________ dans les moments

difficiles, que tu puisses ______________________ .

Tu as ______________________ et sœurs ? Peut-être que tu pourrais au moins parler avec eux : avec les frères et sœurs,

on ______________________ , etc.

En tout cas, ______________________ les films à la télé : ce n'est pas dans les séries américaines

que tu vas trouver une solution ! Si ta famille ______________________ , alors prends des initiatives : propose

______________________ , va ______________________ , essaie ______________________

______________________ ... Je te souhaite ______________________ !

______________________ !

Julie

3 Envie de claquer la porte

1 Claire a dit... *(discours indirect)* → §§ 187–189

Vous vous rappelez ?

DISCOURS INDIRECT :

1 Le verbe de la principale est au **présent** ou au **futur** → dans la subordonnée, le verbe reste au même temps qu'au discours direct.

DISCOURS DIRECT :		
« Mes parents ne me comprennent pas. »	Elle explique que...	... ses parents ne la comprennent pas.
« Mes parents ne me comprenaient pas. »	Elle racontera que...	... ses parents ne la comprenaient pas.
« Mes parents ne m'ont pas comprise. »		... ses parents ne l'ont pas comprise.
« Mes parents ne me comprendront pas. »		... ses parents ne la comprendront pas.

2 Le verbe de la principale est au **passé** → changement de temps

« Mes parents ne me comprennent pas. »	Elle expliquait que...	... ses parents ne la comprenaient pas.
« Mes parents ne me comprenaient pas. »	Elle a raconté que...	... ses parents ne l'avaient pas comprise.
« Mes parents ne m'ont pas comprise. »		... ses parents ne l'avaient pas comprise.
« Mes parents ne me comprendront pas. »		... ses parents ne la comprendraient pas.

Claire parle avec Sophie, sa meilleure amie, de ses problèmes avec ses parents. Le soir, elle écrit la conversation dans son journal intime et doit pour cela la reformuler au passé et utiliser le discours indirect.
Variez les expressions que vous utilisez pour introduire le discours indirect (évitez la répétition des verbes demander *et* dire*, employez aussi :* vouloir/désirer savoir, vouloir/souhaiter apprendre, répondre, déclarer, expliquer, raconter, ajouter, affirmer, constater, laisser entendre, *etc.)*

CLAIRE : Sophie, je peux te parler ? J'ai tellement de problèmes avec mes parents que j'ai envie de partir…
SOPHIE : Mais, attends, ce n'est pas si simple, Claire. Qu'est-ce qui se passe chez toi ?
CLAIRE : Mes parents ne sont jamais à la maison et ils n'essaient absolument pas de me comprendre.
SOPHIE : Mais écoute, c'est la même chose dans presque toutes les familles… c'est normal. Au fait, ils ont réagi comment quand tu es restée chez moi le week-end dernier ?
CLAIRE : Ils m'ont engueulée parce que je ne les avais pas prévenus que j'allais chez toi, et ils m'ont interdit de sortir le week-end prochain.
SOPHIE : Et qu'est-ce que tu vas faire alors ? Tu vas essayer de leur parler ?
CLAIRE : S'ils continuent comme ça et s'ils ne font pas d'efforts, je partirai et je vivrai ma propre vie. Et bien sûr, je compte sur toi ! J'espère que toi, tu pourras comprendre ma décision et que tu resteras ma meilleure copine.

2 Il y en a tellement… *(y/en)* → *§§ 56–57*

a) *Dans les phrases suivantes, soulignez d'abord les parties que l'on pourrait remplacer par les pronoms* en *ou* y *et justifiez votre réponse. Remplacez ensuite les parties soulignées par le pronom convenable.*

1 La vie à la maison est souvent difficilement supportable pour les jeunes.
2 Ils ont souvent envie de vivre leur vie.
3 Ils ne s'intéressent plus à leur famille.
4 Les parents, par contre, ne s'occupent pas assez de leurs enfants adolescents et ne se mêlent pas de leurs affaires.
5 Par conséquent, il y a souvent des crises et des conflits entre les générations.

b) *Répondez aux questions suivantes en remplaçant les parties de phrases en italique par un pronom adverbial :* y *ou* en.

1 As-tu beaucoup *de conflits* avec tes parents ?
2 Réfléchis-tu beaucoup *à tes problèmes* ?
3 As-tu déjà eu envie *de tout quitter* ?
4 As-tu déjà pensé *à essayer de comprendre l'attitude de tes parents* ?
5 A ton avis, est-il raisonnable de trouver *des compromis* en famille ?
6 Es-tu bien conscient(e) de *la situation dans laquelle tu te trouves* ?

c) *Il y a de nombreuses expressions figées (feststehende Ausdrücke) avec* en *et* y. *Traduisez les phrases suivantes.*

1 Tu t'en vas maintenant ?
2 Partir, il n'en est pas question.
3 Ne t'en fais donc pas !
4 Je ne sais plus d'où j'en suis.
5 On ne s'y retrouve plus dans cette histoire.
6 Je ne m'y connais pas du tout en informatique.

4 L'autorité, ça se discute

1 L'autorité, on en parle ! *(phrases segmentées / mise en relief)* → *§ 152*

Exemple : *langue écrite :* On parle de l'autorité.
langue parlée : L'autorité, on en parle. (phrase segmentée)

a) *Faites des phrases segmentées à partir des éléments soulignés.*

1 Les parents d'autrefois donnaient des ordres.
2 On a l'impression d'entendre ce refrain tous les jours.
3 Les mots discipline, obéissance ou soumission ne plaisent pas beaucoup aux jeunes.
4 Les jeunes respectent une autorité juste.

b) *Mettez les phrases ci-dessus en relief en utilisant* C'est / Ce sont… qui/que…

2 Que l'autorité soit juste ! *(indicatif/subjonctif)* → *§§ 164–169*

Mettez les infinitifs entre parenthèses à la forme et au mode qui conviennent.

L'époque antiautoritaire des soixante-huitards ______________ *(être fini).* Il était impensable qu'un enfant ______________ *(recevoir)* des ordres sans qu'on en ______________ *(discuter)* avec lui.

Aujourd'hui, l'autorité est une valeur de plus en plus importante. L'autorité des adultes est acceptée à condition que ceux-ci ______________ *(être prêt)* à parler avec les jeunes et ______________ *(avoir)* l'intention d'expliquer leurs ordres et leur comportement. Bien que les adolescents ______________ *(vouloir)* avoir leur liberté, ils acceptent une autorité juste. Il faut cependant que les parents ______________ *(faire)* aussi des efforts pour comprendre leurs enfants. A condition que ce ______________ *(être fait)* avec justice, les jeunes ne ______________ *(trouver)* pas si mal le fait d'être encadrés et guidés. D'une certaine façon, cela les rassure que leurs parents ______________ *(savoir)* où ils sont et leur ______________ *(dire)* de rentrer à telle heure et pas après.

5 J'habite chez moi

1 Quand j'habitais chez mes parents... *(imparfait/passé composé)* → *§§ 182–186*

Vous vous rappelez ?

Le PASSÉ COMPOSÉ est utilisé pour...

1 parler d'une action du passé qui se déroule au *premier plan* („Was geschah?") ;
2 marquer le *début* d'une action ou d'une suite d'actions („Was geschah dann?").

L'IMPARFAIT est utilisé pour...

1 décrire *l'arrière-plan*, c'est-à-dire le cadre d'une action du passé („Was war schon?") ;
2 parler de ce qui *se répète* (« comme d'habitude ») ;
3 expliquer ou *commenter* l'action principale.

L'usage du passé simple est réservé à la langue écrite. → *§§ 183–184*

a) *Relevez dans le texte les verbes exprimés dans un temps du passé et justifiez le choix de ce temps.*
b) *Mettez les verbes indiqués entre parenthèses au temps du passé qui convient.*

Quand Joss ______________ *(être)* petit, sa famille lui ______________ *(sembler)* plutôt normale ; ses parents ______________ *(travailler)* et lui, il ______________ *(aller)* à l'école. Ils ______________ *(passer)* les soirées ensemble devant la télé, de temps en temps ils ______________ *(aller)* au cinéma. Mais les disputes entre son père et sa mère ______________ *(devenir)* plus nombreuses et plus graves. Un jour, ses parents ______________ *(se séparer)* et lui, il ______________ *(partager)* sa vie entre son père et sa mère. Son père, lui, ______________ *(vivre)* avec sa nouvelle famille et un jour, il ______________ *(arrêter)* de payer la pension à la mère de Joss. Joss ______________ *(ne pas aimer)* tellement ses demi-frères qu'il ______________ *(voir)* d'ailleurs rarement. Sa mère, qui ______________ *(être)* toujours à la recherche d'un nouveau mari, ______________ *(ne plus avoir envie)* de s'occuper de lui. Elle ______________ *(faire)* peu la cuisine. Alors, il ______________ *(manger)* des pâtes presque tous les jours. Il ______________ *(se sentir)* souvent très seul. Alors, il ______________ *(commencer)* à réfléchir à sa situation et il ______________ *(avoir)* l'idée d'habiter « chez lui » : il ______________ *(vouloir)* se débrouiller tout seul.

2 Qui est Joss ? *(caractériser un personnage)*

a) *Relisez le texte de votre manuel p. 19–20 et remplissez le tableau suivant.*

âge	
traits de caractère	
il aime…	
il déteste…	
situation à l'école / relation avec les camarades de classe	
situation familiale, relation avec les parents	
conditions de vie (actuelles)	

b) *Parmi les adjectifs suivants, choisissez ceux qui caractérisent Joss. (Inscrivez-les dans le tableau.)*

- ☐ fou
- ☐ surpris
- ☐ solitaire
- ☐ adulte
- ☐ renfermé
- ☐ étrange
- ☐ original
- ☐ ouvert
- ☐ bizarre
- ☐ pourri
- ☐ triste
- ☐ gai
- ☐ timide
- ☐ excentrique
- ☐ curieux
- ☐ drôle
- ☐ enfantin
- ☐ brutal
- ☐ fort
- ☐ sérieux
- ☐ franc
- ☐ indépendant
- ☐ agressif

c) *A votre avis, à quoi ressemble Joss ? Imaginez son apparence physique.*

d) *A partir du tableau et de c) et en vous aidant de la stratégie « caractériser un personnage » p. 73, rédigez le portrait de Joss.*

3 A la recherche du sens *(bien utiliser les dictionnaires)*

En vous servant d'un dictionnaire unilingue, retrouvez le sens des mots et expressions suivants tirés du texte de votre manuel p. 19–20.

un fils unique • décréter • jaunâtre • reprendre son souffle • une famille intacte • répliquer • une pension • un furet

4 Salut machin ! *(français familier)*

Retrouvez dans la grille le mot de français familier qui correspond aux expressions et mots de français standard suivants :

une chambre ____________

manger ____________

habiter ____________

le visage/la tête ____________

démodé ____________

un enfant ____________

un homme ____________

bête ____________

mourir ____________

sentir mauvais ____________

O	L	I	P	O	D	A	D	A	N	X	A
M	P	Y	T	H	O	R	D	V	I	P	G
E	Z	I	M	B	F	T	E	U	W	U	A
G	H	T	A	O	R	T	B	P	E	E	I
E	A	C	L	U	M	H	I	U	M	R	T
S	E	R	I	F	L	E	L	L	N	C	P
T	C	E	B	F	M	E	E	G	O	A	R
A	E	C	O	E	M	L	F	O	Q	P	O
R	M	H	U	R	I	N	G	A	R	D	A
T	G	E	R	M	A	F	R	J	E	W	N
E	R	R	E	R	M	I	O	D	S	G	A
S	I	C	L	A	M	S	E	R	T	X	C

6 Ma mère, son mec, …

1 Tout est relatif *(pronoms relatifs)* → §§ 158–162

Complétez par les pronoms relatifs qui conviennent.

Coralie, __________ a maintenant cinq frères et sœurs, vit dans une famille recomposée depuis longtemps. Avec ces cinq enfants parmi __________ deux demi-frères et deux demi-sœurs, elle ne s'ennuie jamais. Elle aime bien tous ses frères et sœurs avec __________ elle partage ses joies et ses soucis.

Sa mère, __________ Coralie apprécie le nouveau mari et en __________ elle a confiance, s'est séparée de son père il y a 6 ans. La mère de Coralie travaille, mais elle a toujours fait tout __________ elle pouvait pour être le plus souvent possible avec sa fille.

Son père, __________ elle ne voit pas très souvent, habite loin. Marc, le deuxième mari de sa mère, est pour elle comme un second père ; c'est lui __________ l'a élevée.

Et en plus les disputes __________ étaient fréquentes entre ses parents et __________ elle avait tellement marre n'existent plus.

C'est une des raisons pour __________ sa nouvelle famille est devenue pour elle un refuge __________ elle se sent à l'aise.

1 L'amitié, valeur en hausse

Les valeurs des jeunes *(parler d'une enquête)*

Regardez les résultats du sondage à la p. 7 de votre manuel et complétez le texte suivant en vous servant des expressions à la p. 24 et d'autres expressions marquant la quantité ou la comparaison. Rappelez-vous aussi les fractions. (→ § 52)

1 Interrogés sur les choses qui comptent ________ *(am meisten)* pour réussir dans la vie, ________ *(die Mehrzahl/eine große Mehrheit)* des 15–19 ans répondent que c'est tout simplement « être bien dans sa peau ».

2 ________ *(Im Vergleich zu den Jungen)*, il y a encore ________ *(mehr Mädchen)* qui sont de cet avis.

3 Pour 83% des jeunes interviewés – presque ________ *(ebenso viele Jungen wie Mädchen)* – il est ________ *(wesentlich/ausschlaggebend)* d'avoir un travail.

4 ________ *(Mehr als zwei Drittel der Jugendlichen)* disent que, pour eux, avoir ________ *(zahlreiche Freunde)*, est ________ *(unbedingt notwendig)*.

5 Ici ________ *(kann man eine Parallele zwischen Jungen und Mädchen beobachten/feststellen)*.

6 ________ *(Dagegen für eine größere Zahl von Mädchen als von Jungen)*, être amoureux paraît important pour réussir dans la vie.

7 ________ *(Nur eine Minderheit)* estime(nt) la beauté et la célébrité ________ *(als notwendig)* pour réussir dans la vie.

2 Jamais sans ma bande !

1 Familles de mots *(vocabulaire)*

Remplissez la grille ci-dessous (si nécessaire, vérifiez vos résultats à l'aide d'un dictionnaire).

nom	adjectif	verbe	locutions
	féminin		
une confidence			
une passion			
une folie		—	
	proche		
	inséparable		
l'amitié		—	
		agrandir	
	familial	—	

2 Question de style *(phrases elliptiques)*

a) *Relevez les ellipses dans le texte de votre manuel p. 25–26 et transformez-les pour en faire des phrases complètes.*
b) *Transformez les phrases suivantes en utilisant le style elliptique.*

1 Mercredi, Mélanie a rendez-vous avec ses copines Julie, Marine, Justine et Monia.
2 Ils ont les mêmes goûts : les jeux de rôle et le sport.
3 L'après-midi se passera au sous-sol, pour une séance jeux de rôles avec Grégoire, Justin, Matthias et Jérémie.
4 Il n'est pas du tout étonnant que l'on se choisisse des gens qui nous ressemblent.
5 Mais la bande d'amis produit parfois l'effet inverse car elle permet aux jeunes de relativiser sur leurs parents.

3 C'est l'amitié qui compte *(mise en relief)* → *§ 153*

Dans les phrases suivantes, mettez en relief les éléments soulignés en utilisant ce… qui *ou* ce… que.

1 La proximité géographique et le milieu social comptent aussi.
2 Ils résistent le mieux à l'épreuve du temps.
3 A mes copains je dis des choses que je ne dirais pas aux autres.
4 En discutant avec mes copains, il m'arrive aussi de relativiser sur mes parents.
5 La bande d'amis produit parfois l'effet inverse.
6 Mercredi, Mélanie a rendez-vous avec ses copines Julie, Marine, Justine et Monia.

3 « Je t'aime bien, mais je ne t'aime pas »

1 C'est fini… *(imparfait/passé composé)* → *§§ 184–185*

Mettez les infinitifs entre parenthèses au temps du passé qui convient. (Attention à l'accord du participe passé !)

Tout ________________ *(commencer)* un beau jour d'été il y a un an et demi. Je le/l' ________________ *(voir)* pour la première fois dans mon petit village d'origine. Il ________________ *(passer)* ses vacances chez ses grands-parents qui ________________ *(habiter)* dans le même village. Il ________________ *(s'appeler)* Philippe. Sur le coup nous ________________________ *(se détester)* tous les deux, moi la petite fille

sage de campagne, lui le garçon de la ville, style rebelle. Ça ne ______________ *(pouvoir)* pas marcher. On ______________ *(se voir)* de temps en temps lors d'une fête, on ______________ *(se croiser)* dans la rue et à chaque fois ça/c' ______________ *(être)* la même histoire : ou bien on ______________ *(s'ignorer)*, ou bien on ______________ *(se taquiner)*. On ______________ *(partir)* toujours chacun de notre côté en pensant « C'est pas permis d'être si débile ! ». Nous ______________ *(se revoir)* un beau jour d'hiver avant Noël, tout à fait par hasard. Il me/m' ______________ *(parler)* comme si de rien n' ______________ *(être)* et il m' ______________ *(inviter)* à boire un coup ensemble.
On ______________ *(discuter)*, on ______________ *(blaguer)*, on ______________ *(rire)* comme jamais auparavant. Il ______________ *(s'ouvrir)* à moi et je ______________ *(ne pas pouvoir)* résister. Ça/C' ______________ *(être)* le coup de foudre. Je ______________ *(tomber amoureux)*, on ______________ *(commencer)* à se voir de plus en plus souvent.
Il ______________ *(être)* tout pour moi et je ______________ *(croire)* que j' ______________ *(être)* tout pour lui. Pourtant, je ______________ *(ne pas avouer)* que je l' ______________ *(aimer)*. Alors, un jour je le/l' ______________ *(voir)* partir avec une autre fille.
Puis je ______________ *(ne plus avoir)* de nouvelles pendant trois longs mois…

2 Manuella *(caractériser un personnage)*

a) *Le texte ne donne pas d'informations sur le physique de Manuella. Comment l'imaginez-vous ? Répondez aux questions ci-dessous (la photo p. 28 de votre manuel peut éventuellement vous aider).*

1 Manuella est probablement ☐ petite ☐ grande ☐ de taille moyenne.

2 Elle est ☐ corpulente ☐ maigre ☐ svelte.

3 Elle a les cheveux ☐ courts ☐ longs ☐ bruns ☐ roux ☐ blonds.

4 Elle a l'air ☐ assez sportif ☐ peu sportif ☐ soigné ☐ peu soigné.

5 Vous la voyez ☐ plutôt laide ☐ assez jolie ☐ très belle.

b) *C'est surtout dans l'introduction qu'on trouve des informations directes sur son personnage. Relevez-les et notez-les ci-dessous.*

- nom : ______________
- âge : ______________
- situation à l'école (bonne ou mauvaise élève ?) : ______________
- ses relations familiales : ______________

  amicales : ______________

  amoureuses : ______________

c) *L'extrait ne donne pas beaucoup d'informations directes sur le caractère de Manuella. Mais à partir de ses pensées, de ses paroles et de sa manière d'agir et de réagir dans cette scène, on peut s'en faire une idée. Cela s'appelle « la caractérisation indirecte ». Dans la liste ci-contre, quels adjectifs/expressions correspondent à votre avis le mieux au caractère de Manuella ? Justifiez votre réponse par une citation tirée du texte.*

d) *En vous servant des réponses données en a), b) et c) et du vocabulaire de la stratégie « caractériser un personnage » p. 73–74 de votre manuel, rédigez le portrait de Manuella.*

gentille – sympathique – sûre d'elle – sait ce qu'elle veut – calculatrice – honnête – hypocrite – a le sens de l'humour – agressive – perspicace – sociable/ouverte – spontanée – froide – arrogante – sensible – a du tact – excentrique – moqueuse – renfermée – dure

4 L'amour

1 L'amour… toujours… *(rimes)*

Pour les mots suivants tirés du texte de votre manuel p. 28, trouvez autant de rimes possibles.

amour | heureux | frisson | fois | raviver | perdu | aime | lumière | espoir | bras | découvrir | sentiment | envie | image

2 Jouez aux poètes *(écrire un poème)*

Essayez de trouver une fin convenable pour le deuxième vers (attention, il faut que ça rime !).

1 J'ai envie de crier mon amour pour toi

Mais cela ne sert à rien ______________________________

2 Je suis tellement content pour nous deux

On a tout ______________________________

3 D'un seul coup, tu ne peux pas briser tout

Après tant de jours ______________________________

4 Avec toi j'ai réappris à rire

Aujourd'hui ______________________________

5 A chaque fois qu'il me touchait

C'est ______________________________

6 Tant de désirs me font rêver

Et ton sourire ______________________________

5 Homo, et alors ?

1 Chère Stéphanie… *(lettre privée)*

a) *Relisez le témoignage de Stéphanie à la p. 30 de votre manuel. Imaginez la réaction de l'un des frères de Stéphanie : parmi les idées énumérées ci-dessous et à la p. 23, cochez celles qui vous semblent les plus plausibles.*

	Il est très content d'avoir de ses nouvelles.		Il est choqué en apprenant la nouvelle.
	Il s'est déjà demandé depuis longtemps pourquoi elle n'avait pas de copain.		Il trouve qu'il n'est pas normal d'aimer quelqu'un du même sexe.
	Il se montre tolérant et compréhensif.		Il dit qu'elle doit vivre sa propre vie.
	Il affirme que, si elle ne change pas d'avis, il coupera les ponts avec elle.		Il la menace de ne plus assister aux fêtes de famille auxquelles elle serait présente.
	Il dit qu'il comprend sa décision.		Il affirme qu'il faut bien suivre ses propres sentiments.

	Il lui demande d'être plus discrète.		Il admire son courage.
	Il aimerait bien faire la connaissance de sa copine et les invite toutes les deux à passer un week-end chez lui.		Il dit que leurs parents font seulement semblant d'accepter son homosexualité, mais qu'en réalité ils en souffrent beaucoup.
	Il espère qu'elle reviendra à la raison.		Il avoue avoir honte d'avoir une sœur lesbienne.
	Il lui assure que ça ne changera rien à leur relation.		Il lui dit qu'il faut penser à la bonne réputation de la famille.
	Il ne veut pas se mêler de ses affaires.		Il lui conseille de consulter un psychiatre.

b) *En vous servant des réponses données en a) et en vous aidant de la stratégie « rédiger une lettre privée » p. 75 de votre manuel, rédigez la lettre qu'un des frères de Stéphanie lui a écrite en réponse à son coming-out. (Inventez le lieu, la date, le nom de son frère ; n'oubliez pas qu'il écrit à sa sœur, etc.)*

2 Je ne pense pas comme toi *(négation)* → *§§ 30, 69, 143–147*

Travaillez à deux : l'un de vous est M./Mme Intolérance, l'autre M./Mme Tolérance. M./Mme Intolérance pense exactement le contraire de M./Mme Tolérance. A chaque affirmation de l'un des personnages, répondez par le contraire en utilisant les négations ci-dessous.

personne… ne | ne… personne | ne… pas (x3) | ne pas… ni…

ne… plus jamais | ne… plus (x3) | ni… ni… (x2) | aucun… ne | ne… nulle part | ne… rien

M./Mme Intolérance		M./Mme Tolérance
Je condamne tous ceux qui trouvent qu'être homo est normal.	⇛	Pas moi. Je ______ condamne ______ qui pense cela.
Pas moi : je ______ trouve ______ ça normal du tout.	⇚	Je trouve tout à fait normal de voir un couple homosexuel dans la rue.
L'amour a ses frontières et ses lois.	⇛	Je ______ suis ______ d'accord avec toi. L'amour ______ a ______ de frontières ______ de lois.
Pour moi, ce serait inimaginable. Je ______ lui parlerais ______ .	⇚	Même si un de mes amis m'annonçait qu'il est homosexuel, je lui parlerais toujours.
De nos jours l'homosexualité est toujours considérée comme une maladie.	⇛	C'est une idée dépassée. Ce ______ est ______ considéré comme une maladie.
Pour les miens ça aurait été une catastrophe. ______ mon père ______ ma mère ______ auraient accepté une telle décision.	⇚	Je suis sûr(e) que si, un jour, je m'étais présenté(e) à mes parents avec un(e) ami(e), ils auraient fini par accepter mon choix.
Beaucoup de couples homosexuels vivent leur identité sexuelle comme un problème.	⇛	Ce ______ est ______ vrai. ______ couple ______ a de tels complexes.
Au contraire. Ce ______ est accepté ______ .	⇚	A mon avis, s'assumer comme homosexuel est un choix accepté partout dans la société.
Etre homo, c'est renoncer à beaucoup de choses, par exemple le mariage ou les enfants.	⇛	Aujourd'hui, ce ______ est ______ vrai. Il ______ faut renoncer à ______ .
Ils ______ devraient ______ pouvoir se marier ______ élever des enfants.	⇚	Les couples homosexuels et lesbiens devraient non seulement avoir le droit de se marier mais aussi d'adopter des enfants.
Notre discussion ne mène à rien. Tous ceux qui pensent comme moi ont raison.	⇛	On ______ vit ______ au Moyen Age. ______ pense comme toi.

6 Seul contre tous… !

Vive le dictionnaire ! *(bien utiliser les dictionnaires)*

Traduisez les phrases suivantes qui contiennent toutes le verbe « vivre ». *Servez-vous si nécessaire de vos dictionnaires unilingue et bilingue.*

1 Depuis qu'elle sait qu'elle a raté ses examens, Marie *ne vit plus*.
2 Il *a* très *mal vécu* son divorce.
3 Ma nouvelle collègue est *facile à vivre*.
4 Depuis qu'il est chômage, il *a* tout juste *de quoi vivre*.
5 Après sa maladie, elle *a vécu des jours difficiles*.
6 Tu respires *la joie de vivre* !
7 Ce sont ses parents qui la *font vivre*.
8 Elle était très à l'aise lors de cette soirée officielle : c'est quelqu'un qui *sait vivre*.
9 C'est vraiment une très belle région : *il fait bon vivre* ici !
10 Il *vit* encore chez ses parents.
11 *Qui vivra verra* !
12 J'ai ce pull depuis plus de 10 ans : il *a vécu* !

7 Un petit sacrifice

1 Un air de famille *(vocabulaire)*

Remplissez la grille ci-dessous, puis vérifiez vos résultats à l'aide d'un dictionnaire unilingue (attention, dans certains cas, il n'y a pas de réponse possible).

nom	verbe	adjectif
la détente		
la proximité		
		inquiet
		directorial
		scolaire
		satisfait
	honorer	
		respectable
	éprouver	
	se défendre	
	transmettre	
	prévenir	

2 Soit dit en passant *(gérondif/participe présent)* → §§ 172–174

a) *Relevez dans le texte du manuel p. 32–33 les gérondifs/participes présents et dites quelle est leur fonction. Remplacez ensuite le gérondif/participe présent par une subordonnée.*

b) *A vous maintenant ! Remplacez les subordonnées par une construction contenant soit un gérondif soit un participe présent.*
Attention, ce n'est pas toujours possible !

Exemple : Quand il rentre du collège, Thomas raconte à sa mère ce qui s'est passé. → En rentrant du collège, Thomas…

1 Au moment où il m'a aperçu, le prof de gym m'a dit que le principal voulait me voir.
2 Pendant que j'allais à son bureau je me suis demandé ce qu'il me voulait.
3 Je savais que je n'avais rien à me reprocher, mais je me suis quand même inquiété un peu.
4 J'ai frappé à la porte et le principal a dit « Entrez ».
5 Quand je suis entré dans son bureau, j'étais vraiment impressionné.
6 Le principal se tenait derrière son bureau qui se trouvait en face de la porte.
7 Il a commencé à parler et en même temps il jouait avec son coupe-papier.
8 On entendait à peine les bruits du dehors parce que les murs étaient assez épais.
9 Comme certains parents avaient peur d'une contagion par l'eau de la piscine, ils avaient demandé au principal de me dispenser des cours de natation.
10 Si les parents se renseignaient, ils réaliseraient leur erreur.

3 En bref *(résumé)*

a) *Pour chaque question, cochez la réponse qui convient.*

1 Mis à part Thomas, quel est/quels sont le/les personnage(s) principal/principaux dans ce texte ?
☐ quelques parents d'élèves ☐ les élèves de sa classe ☐ le directeur du collège

2 De quel cours est-il question dans le texte ? Il s'agit
☐ d'un cours de gym ☐ d'un entraînement pour l'équipe de natation ☐ d'un cours de natation.

3 Où se déroule l'action ? ☐ dans le hall d'entrée ☐ dans le bureau du principal ☐ à la piscine

4 Comment est le directeur ? Il est ☐ aimable ☐ autoritaire ☐ plein d'humour.

5 Qu'est-ce qu'il dit à Thomas ? Il lui dit ☐ qu'il n'est pas content de ses résultats scolaires
☐ qu'il va le renvoyer de l'école ☐ qu'il ne doit plus participer aux cours de natation.

6 Comment justifie-t-il sa décision ?
☐ Il a peur du risque que l'eau représente pour Thomas. ☐ Il a peur que le virus se transmette par l'eau de la piscine. ☐ Les parents ont peur pour leurs enfants d'une contagion par l'eau.

7 Dans quel dilemme se trouve-t-il ?
☐ Il partage l'avis des parents mais il ne veut pas faire de mal à Thomas.
☐ Les parents vont interdire à leurs enfants de participer au cours de natation avec Thomas.
☐ Il a peur pour la bonne réputation de son collège.

8 Comment Thomas se sent-il ? Il est ☐ compréhensif ☐ furieux ☐ stupéfait.

b) *A votre avis, laquelle des trois phrases suivantes correspond le mieux au contenu du texte ?*

☐ L'extrait parle d'une discussion entre Thomas, le protagoniste, et le principal de son collège.
☐ Dans ce texte il est question de Thomas, un élève séropositif, à qui le principal demande de ne plus aller à la piscine.
☐ Thomas, le protagoniste, est séropositif et à cause de cela, il a des problèmes à l'école.

c) *Parmi les mots suivants, soulignez ceux qui vous semblent être des mots-clés pour un résumé du texte. Comparez vos réponses avec celles de votre voisin(e).*

la natation – un entraînement – les filles – un slip de bain – le Grand Bleu – les élèves – le prof de gym – le principal – inquiet – le bureau – la pointe des pieds – le coupe-papier – les murs – la piscine – les résultats scolaires – les parents d'élèves – une contagion – une aberration – le sens du devoir – la terrible maladie – le virus – un sourire – un dilemme – prévenir – un sacrifice – congédier – une position délicate – à reculons

d) *Complétez les phrases suivantes dans le sens du texte. (N'oubliez pas d'utiliser les « mots-charnières », manuel p. 71–73).*

1 C'est jeudi, le jour où ____ .

2 ____ ,

Thomas est appelé par le prof de gym, qui l'informe ______________________________ .

3 ______________________________ , il est quand même un peu inquiet.

4 ______________________________ , il apprend qu'à partir de ce jour

______________________________ , parce que ______________________________

____ .

5 Thomas, qui ______________________________ , essaie de se défendre

____ .

6 ______________________________ le principal lui explique

____ .

7 ______________________________ vont interdire à leurs enfants d'aller

au cours de natation si Thomas ______________________________ .

8 ______________________________ un petit sacrifice pour la communauté.

9 Avant que ______________________________ , il est congédié.

1 Faire des choix

1 Une interview (compréhension du texte)

Voici une interview réalisée par un grand magazine français dans le cadre d'une enquête sur la vie des jeunes. En vous servant des témoignages de l'affiche (manuel p. 34), donnez les réponses qui conviennent.

JOURNALISTE : Julien, parle-nous de tes rêves.

JULIEN : ______________________________

JOURNALISTE : Mais pourtant, tu n'es pas un type pessimiste ou ennuyeux. Tu aimes bien t'amuser, n'est-ce pas ?

JULIEN : ______________________________

JOURNALISTE : Et il ne te reste vraiment aucun rêve ?

JULIEN : ______________________________

JOURNALISTE : Elodie, tu as des difficultés à te conformer aux normes de la vie adulte ?

ELODIE : ______________________________

JOURNALISTE : Alors, tu aimes te révolter – contre n'importe quoi ?

ELODIE : ______________________________

JOURNALISTE : Nicolas, comment est-ce que tu vois ta vie, ton avenir : plein de confiance ou plutôt anxieux ?

NICOLAS : ______________________________

JOURNALISTE : Tu ne crains pas de faire des fautes ?

NICOLAS : ______________________________

JOURNALISTE : Pauline, qu'est-ce que tu penses de la consommation de drogues ?

PAULINE : ______________________________

____

JOURNALISTE : Mais tu nous a parlé de ton copain Kevin qui se drogue.

PAULINE : ______________________________

____

JOURNALISTE : Merci beaucoup !

2 Indirectement... (discours indirect) → § 139, §§ 187–189

Mettez les témoignages de l'affiche p. 34 du manuel au discours indirect et au passé. Evitez la répétition des verbes dire *et* demander *et employez, si possible, aussi :* vouloir/désirer savoir, vouloir/souhaiter apprendre, répondre, déclarer, expliquer, raconter, affirmer, constater, laisser entendre, *etc.*

3 Peut-on vivre sans téléphone portable ?

Une question de perspective *(indicatif/subjonctif)* → *§§ 166–167*

a) *Les phrases suivantes sont tirées du texte de votre manuel p. 35–36. Expliquez pour ces phrases l'emploi de l'indicatif et du subjonctif.*

1 Pensez-vous que le portable *soit* devenu indispensable ? (L. 1)
2 Je trouve que le portable *est* un instrument superficiel. (L. 2)
3 … je reconnais qu'il y *a* des cas dans lesquels… (L. 4–5)
4 Pensez-vous que le portable *rend* plus libre ou que c'*est* un fil à la patte ? (L. 10)

b) *Mettez les verbes entre parenthèses au mode (indicatif ou subjonctif) qui convient.*

- Elodie, crois-tu que le portable ____________ *(être)* seulement une mode passagère ?
- Franchement non. Même s'il y a des moments où le portable me tape vraiment sur les nerfs, je suis d'avis que ses avantages ____________ *(être)* si évidents que personne ne veut plus s'en passer.
- Et toi, David, que penses-tu ?
- Moi, à vrai dire, je ne suis pas sûr que nous ____________ *(avoir)* vraiment besoin de ce petit appareil qui ne connaît pas de respect et qui ne sonne pas toujours au bon moment. Cependant, je ne pense pas non plus que le portable ____________ *(disparaître)* au bout de quelques années.
- Demain, le mobile remplacera peut-être l'appareil photo numérique, le caméscope et les ordinateurs de poche. Nicolas, es-tu d'avis que cette évolution ____________ *(faciliter)* la communication entre les gens ou qu'elle l' ____________ *(empêcher)* à long terme ?
- Je ne sais pas. Il semble que les moyens de communication modernes ____________ *(rendre)* la communication directe superflue et ____________ *(finir)* par favoriser la solitude de l'individu. Mais comme l'homme est un être social qui cherche le contact direct avec ses proches, je ne pense pas qu'un instrument quelconque ____________ *(être)* capable d'avoir de tels effets.

4 Jeux vidéo : une nouvelle drogue ?

1 SOS – dépendance psychique *(pronoms personnels)* → *§§ 55–65*

a) *Retrouvez dans le texte de votre manuel p. 36–37 les phrases françaises qui correspondent aux phrases allemandes ci-dessous et notez-les dans vos cahiers. Soulignez ensuite tous les pronoms que vous trouvez.*

1 Bitte Herr Doktor, helfen Sie mir aufzuhören.
2 Der Mann hatte eine brillante Karriere als Entwickler von Computerspielen vor sich.
3 Die Vorstellung, seinen PC auszuschalten, ließ ihn leiden, er war nicht mehr in der Lage, aus dem Haus zu gehen.
4 Diese Leidenschaft hat sie dazu gebracht, ihr Studium aufzugeben, ihren Job zu verlieren, den Kontakt mit ihren Freunden abzubrechen.
5 Man hat ihn für sechs Monate aufs Land schicken müssen.
6 Es ist mir passiert, dass ich eine Woche lang jede Nacht aufgewacht bin, um die Angriffe einer Gruppe Australier zu kontern.
7 Das hat mich nicht daran gehindert, meine Matheklausuren erfolgreich zu schreiben.

b) *Qu'en pensez-vous ? Laquelle des deux alternatives vous convainc dans les phrases suivantes ? Remplacez les noms soulignés par le pronom qui convient et terminez la phrase choisie.*

1 Pensez-vous que les jeux vidéo constituent un danger pour les jeunes ?

- Moi, je ne crois pas que les jeux vidéo constituent un vrai danger pour ________, parce que/qu' ________

________________.

- Moi aussi, je suis d'avis que pour certains d'entre ________, les jeux vidéo sont dangereux parce que/qu' ________

________________.

2 D'après vous, les jeux vidéo peuvent-ils mener à une dépendance psychique ?

- En ce qui me concerne, je suis convaincu que dans la plupart des cas, cette activité de loisir ne/n' ________ aboutira pas, car ________

________________.

- Quant à moi, je ne veux pas ________ nier le risque, puisque/puisqu' ________

________________.

3 L'interdiction des jeux vidéo violents pour les enfants de moins de 16 ou même de 18 ans pourrait-elle être une bonne solution ?

- Pour moi, ça serait la pire solution possible parce qu'en ________ interdisant, cela ________ rendrait encore plus séduisants et les jeunes ________ trouveraient sans doute encore plus d'intérêt. C'est pourquoi ________

________________.

- Selon moi, on pourrait ________ interdire sans problème parce que/qu' ________

________________.

4 Selon vous, qu'est-ce qu'on devrait faire avec ceux qui sont accros aux jeux vidéo ?

- Je pense qu'il faudrait ________ envoyer loin de chez ________ dans un centre de resocialisation pour qu'ils

________________.

- A mon avis, il suffirait de ________ ôter leur ordinateur pour un certain temps et de ________ offrir une vie sociale riche et remplie pour qu'ils ________

________________.

2 A la recherche des questions perdues ! *(interrogation)* → §§ 133–135

Relisez le petit test à la p. 38 du manuel. Voilà les réponses de quelqu'un qui a fait un test semblable afin de savoir s'il est cyberdépendant. Retrouvez les questions du test en utilisant l'interrogation absolue ou l'interrogation par l'inversion.

1 ______________________________
Cela dépend, mais rarement plus de cinq ou six heures par jour.

2 ______________________________
Bien sûr, il y en a : le samedi, par exemple, je me lève tard, puis je fais du shopping et après je rencontre des amis. Alors, je n'ai pas de temps de me connecter.

3 ______________________________
Ces jours-là, mon PC ne me manque pas vraiment, mais j'avoue que j'y pense de temps en temps, surtout quand je m'ennuie.

4 ______________________________
Je ne sais pas si je pourrais y renoncer pour quelques semaines parce que je ne sais pas pourquoi je devrais le faire.

5 ______________________________
Alors, maintenant vous exagérez vraiment : moi, j'ai assez de problèmes à comprendre mon ordinateur et vous voulez savoir si lui, il me donne le sentiment de me comprendre. C'est absurde.

3 Accro de quoi ? *(complément du verbe, du nom et de l'adjectif)* → §§ 100–104

Complétez les phrases.

1 Il est incapable ______ débrancher son ordinateur parce qu'il est complètement accro ______ jeux vidéo.
2 Il lui arrive ______ passer des heures, même des jours ______ jouer sur Internet ce qui l'empêche ______ faire ses devoirs.
3 La semaine dernière, il a décidé ______ essayer ______ moins s'isoler des autres car à force ______ rester si longtemps devant son ordinateur, il risque ______ perdre le contact avec tous ses amis.
4 L'idée ______ rencontrer dans ce groupe d'entraide des jeunes qui ont les mêmes problèmes lui plaît bien.
5 Quand on est devenu dépendant ______ une drogue, il est très difficile ______ décrocher.
6 Au moment où on prend conscience ______ une dépendance psychique, il ne faut pas mentir ______ ses parents et amis parce qu'on aura besoin ______ leur aide.
7 C'est bien ______ savoir qu'on peut compter sur ses amis, mais sans aide professionnelle, on arrive difficilement ______ décrocher.

5 L'ivresse de la minceur

1 Souvenirs cruels du passé *(imparfait/passé composé)* → §§ 182–184

a) *Relevez dans le texte de votre manuel p. 39 les verbes exprimés dans un temps du passé. Puis, en vous aidant de votre grammaire, justifiez le choix de ce temps.*
b) *Voilà le témoignage d'une autre anorexique. Complétez le texte en mettant les verbes entre parenthèses au temps du passé qui convient. Attention à l'accord du participe passé !*

Pour moi tout ______________ *(commencer)* par un régime !

Mon cas est vraiment compliqué, oui, moi et la nourriture, c'est pas simple du tout. Tout ______________ *(commencer)* à l'âge de douze ans quand je ______________ *(ne plus vouloir)* me regarder dans le miroir.

J' ______________ *(être)* sûre d'être trop grosse et n' ______________ *(avoir)* qu'une seule idée : maigrir à tout prix pour devenir aussi belle que les mannequins de mode. Je ______________ *(se peser)* le matin, à midi, le soir, et plus souvent encore. Pendant les repas que je/j' ______________ *(prendre)* comme toujours en famille, je/j' ______________ *(faire)* semblant de manger. En vérité, je/j' ______________ *(cacher)* tout ce qui ______________ *(pouvoir)* me faire prendre du poids dans l'assiette et je le/l' ______________ *(jeter)* ensuite. Ma mère ______________ *(ne rien remarquer)* jusqu'au jour où je ______________ *(s'évanouir)* pendant une promenade en forêt. A partir de ce moment-là, ma mère ______________ *(s'occuper)* de moi beaucoup plus qu'avant. Nous ______________ *(parler)* de mes problèmes et elle ______________ *(essayer)* de m'aider. Aujourd'hui, je ne peux pas dire que je suis vraiment guérie, mais je me pèse moins souvent et commence à m'accepter peu à peu.

Surtout j' ______________ *(arrêter)* de me comparer aux mannequins !

2 Pour faire court *(résumer un texte)*

a) *Voilà un résumé du texte 5 du manuel p. 39 qui ne respecte pas les consignes données à la p. 71. Relevez les fautes », puis reformulez le texte ci-dessous de façon à obtenir un résumé correct.*

Dans la première partie de ce texte, il est question de Caroline qui raconte comment elle a perdu 22 kg avant d'être envoyée à l'hôpital. Elle parle de ses fantasmes pendant la nuit et comment elle arrive à manger de moins en moins : plus de chocolat, plus de beurre, plus de féculents. Malgré cela elle dit : « Plus je maigrissais, plus je me sentais forte. » Comme elle ne tenait plus sur ses jambes, on l'a hospitalisée finalement jusqu'à ce qu'elle se sente mieux.
L'article s'occupe des causes étant à l'origine de cette maladie que je trouve très dangereuse. Selon M. Jeammet, médecin à l'hôpital Montsouris à Paris, beaucoup de jeunes filles malades souffrent d'un manque de confiance en elles. Souvent ce manque résulte de problèmes non résolus avec la mère, datant de l'enfance et éclatant à l'adolescence où les jeunes filles cherchent des rapports très étroits avec leur mère.
A la fin, l'article nous parle d'Inès, 20 ans, pour qui l'anorexie est aussi un essai de devenir indépendante d'une mère dominatrice. « Ma mère voulait tout diriger : mes copains, mes sports. Elle réglait toute ma vie. »
Les pères ne sont pas présents.

b) *Reconstituez le texte en vous servant des éléments ci-dessous. Attention, ceux-ci sont donnés dans le désordre !*

- sa mère ne remarque rien
- son mécontentement au sujet de son corps par comparaison avec celui des mannequins
- avec l'aide de sa mère, elle arrive à devenir plus sûre d'elle et à ne plus se comparer aux mannequins
- elle ne puisse plus tenir sur ses jambes
- elle se prive de toute nourriture qui peut la faire grossir
- pourquoi elle devient anorexique et comment elle arrive à une guérison presque complète

Dans le témoignage, une jeune fille raconte ______________
______________ .

D'abord, elle parle de ______________ .

Par conséquent, ______________ tout en faisant attention que ______________
______________ jusqu'à ce qu'un jour, ______________ .

Finalement, elle explique comment ______________
______________ .

6 Interdire le tabac aux moins de seize ans

Interdire la publicité pour le tabac ? *(vocabulaire / production de texte)*

a) *Voilà le point de vue d'un adversaire de l'interdiction de la publicité pour le tabac. En vous aidant du vocabulaire donné à la p. 77 de votre manuel, traduisez en français les expressions entre parenthèses.*

________________ *(Persönlich meine ich)* qu'une telle interdiction ne résoudra pas le problème du tabagisme chez les jeunes. ________________ *(Ich teile die Meinung)* de ceux qui s'inquiètent du fait que de plus en plus de jeunes commencent de plus en plus tôt à fumer. Et ________________ *(ich stimme zu)* les médecins et les hommes politiques qui s'alarment et ________________ *(ich teile)* les inquiétudes des médecins et des hommes politiques. Par contre, ________________ *(ich widersetze mich)* à des mesures peut-être populaires, mais impropres à résoudre le problème. ________________ *(Was betrifft)* la publicité pour le tabac, il est évident qu'elle ne s'adresse pas aux jeunes, mais aux adultes. ________________ *(Ich lege Wert darauf klarzustellen)* que toute publicité pour le tabac avec des jeunes et pour des jeunes est déjà strictement interdite. ________________ *(Folglich)*, une extension de cette interdiction n'aurait que peu d'influence sur les jeunes. ________________ *(Selbst wenn)* on peut penser qu'une telle restriction ne serait pas si grave, ________________ *(darf man nicht vergessen)* qu'on ne résoudrait pas par là le problème de l'augmentation du tabagisme chez les jeunes. ________________ *(Das ist der Grund, weshalb)* je ________________ *(lehne ab)* cette idée d'une interdiction de la publicité pour le tabac tout en étant favorable à des mesures pouvant inciter les jeunes à ne pas fumer.

b) *A vous : Rédigez un texte dans lequel vous argumentez pour une interdiction de la publicité pour le tabac. Référez-vous à l'argumentation précédente et servez-vous du vocabulaire des p. 77 (participer à une discussion) et 72 (bien rédiger son texte) de votre manuel.*

7 Au creux de ton bras

Rendez-vous « d'affaires » *(caractériser un personnage)*

Faites le portrait des deux personnages de l'affiche. Utilisez les recommandations et le vocabulaire des p. 73 et 74 de votre manuel.

8 Une histoire de bleu au cœur

Roxanne informe sa mère *(discours indirect)* → *§§ 187–189*

Mettez la conversation suivante au discours indirect et utilisez les temps du passé. Variez les expressions que vous utilisez pour introduire le discours indirect. Si possible, évitez la répétition des verbes demander *et* dire, *employez aussi :* vouloir/désirer savoir, vouloir/souhaiter apprendre, répondre, déclarer, expliquer, raconter, ajouter, affirmer, constater, laisser entendre, *etc.*

LA MÈRE : Tu veux me raconter comment tu as appris que David se droguait ou bien tu préfères ne pas en parler ?
ROXANNE : Si si, je veux bien. En fait, la première nuit, je l'ai vu se faire une piqûre.
LA MÈRE : Et il t'a dit pourquoi il faisait ça ?
ROXANNE : Je lui ai demandé le lendemain au petit-déjeuner. Voilà notre conversation :

ROXANNE : J'dormais pas hier quand…
DAVID : Je sais, je n'aurais pas dû. Pas devant toi. Mais je n'ai pas pu attendre.
ROXANNE : Pourquoi tu fais ça ?
DAVID : A cause des pourquoi justement.
ROXANNE : Tu devrais pas, c'est pas beau les bleus sur tes bras.
DAVID : Ces bleus-là ne sont rien à côté de ceux que j'ai au cœur.

9 Si j'avais eu une seconde chance…

1 Avec des si… *(phrases conditionnelles)* → *§ 170*

a) *Dans la BD de votre manuel (p. 44–46), le jeune homme n'a pas eu de seconde chance. A votre avis, qu'est-ce qu'il aurait fait s'il en avait eu une ? En cinq ou six phrases, formulez une réponse possible en employant le conditionnel.*
b) *Mettez les verbes au temps et au mode qui conviennent.*

1 Si le protagoniste de la BD ______________________ *(ne pas prendre)* la première pilule,
il ______________________ *(ne pas en devenir)* dépendant.

2 Si ses amis ______________________ *(mieux comprendre)* ses problèmes,
ils ______________________ *(pouvoir)* l'aider.

3 Si le jeune homme ______________________ *(s'informer mieux)* sur les conséquences de la consommation de drogue, il ______________________ *(peut-être ne jamais commencer)* à en prendre.

4 S'il ______________________ *(être)* vraiment content de sa vie,
il ______________________ *(ne pas avoir)* besoin des drogues.

5 S'il y ______________________ *(avoir)* plus de contrôles dans les boîtes, les dealers
______________________ *(avoir)* moins de chances d'offrir leur marchandise aux jeunes.

6 Si la société ______________________ *(s'engager)* plus dans la lutte contre toute sorte de drogues,
les jeunes ______________________ *(savoir)* mieux quels risques ils courent.

7 Si, un jour, tu ______________________ *(penser)* ne plus pouvoir résoudre tes problèmes,
il ______________________ *(valoir)* mieux demander de l'aide que de te réfugier dans la drogue.

8 Même si tu ______________________ *(croire)* que le cannabis est une drogue douce,
il ______________________ *(ne pas falloir)* oublier qu'il s'agit pourtant d'un stupéfiant.

2 Attention – atterrissage dangereux ! *(décrire une image)*

Décrivez l'image en répondant aux questions. (Si nécessaire, servez-vous des informations de la p. 74 de votre manuel.)

1 De quel type d'image s'agit-il et quel est son sujet général ?
2 Décrivez l'image : Commencez par décrire ce que vous voyez au centre, puis ce qui se trouve en haut et en bas de l'image.
3 Quelles sont vos impressions personnelles ?

Bilan lexical *(apprendre et réviser le vocabulaire / bien utiliser le dictionnaire)*

1 Ils ont presque le même sens *(apprendre et réviser le vocabulaire)*

Quels mots de la colonne droite correspondent aux mots de la colonne gauche ? En cas de problèmes, consultez votre dictionnaire unilingue.

s'éclater	**1**	**A**	réussir (à faire qc)
des fois	**2**	**B**	la peur
indispensable	**3**	**C**	accro
considérer que	**4**	**D**	parfois
dépendant	**5**	**E**	penser que
prévenir	**6**	**F**	se préparer (à faire qc)
vérifier	**7**	**G**	un désir
l'angoisse	**8**	**H**	s'amuser
une envie	**9**	**I**	nécessaire
parvenir (à faire qc)	**10**	**J**	contrôler
s'apprêter (à faire qc)	**11**	**K**	informer

2 Jouez aux devinettes *(apprendre et réviser le vocabulaire)*

Remplissez la grille à l'aide des définitions que vous trouverez ci-dessous. Vous obtiendrez dans les cases grises le contraire d' ici

1 maladie qui peut être causée par la cigarette : le …
2 en français familier, synonyme d'*argent* : le …
3 c'est ce qui apparaît sur la peau quand on s'est fait mal : un …
4 en français familier, synonyme de *visage* : la …
5 endroit où on va danser : une …
6 en français familier, synonyme d'*argent* : des …
7 cérémonie après la mort de quelqu'un : un …
8 partie du squelette de l'homme : un …

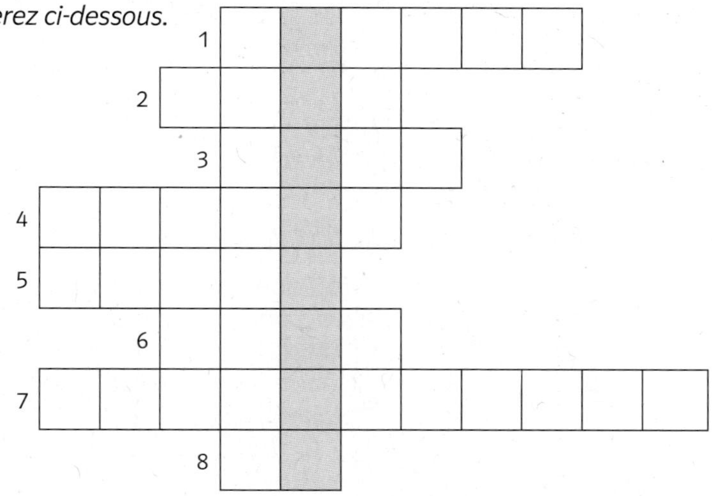

Solution : ____________________

3 Le monde à l'envers ! *(apprendre et réviser le vocabulaire)*

Reliez chaque mot de la colonne de gauche à son contraire. En cas de problèmes, consultez votre dictionnaire unilingue.

approuver qc	**1**	**A**	ennuyeux
être partisan de qc	**2**	**B**	s'éteindre de nouveau
davantage	**3**	**C**	empêcher qn de faire qc
inefficace	**4**	**D**	désapprouver qc, refuser qc
se rallumer	**5**	**E**	être adversaire de qc
excitant	**6**	**F**	mobile
le mépris	**7**	**G**	moins
inciter qn à faire qc	**8**	**H**	efficace, utile
immobile	**9**	**I**	l'admiration

4 Soirée foutue ! *(français familier / bien utiliser les dictionnaires)*

Le texte suivant est rédigé en français familier. Remplacez les mots et expressions en italique par les mots et expressions de français standard correspondants. Servez-vous des annotations du manuel et si nécessaire de votre dictionnaire unilingue.

Alors, hier soir, on était dans ____________________ *(une boîte)* près de ____________________ *(la fac)*.

Avant, on avait encore ____________________ *(bouffé)* au ____________________ *(resto)* d'à côté.

On ____________________ *(avait la pêche)* et on voulait vraiment ____________________ *(s'éclater)*.

On était tout juste entrés dans la boîte quand ____________________ *(un mec)* est venu et m'a demandé

si j'avais ____________________ *(du fric)*. Bien sûr, moi, j'en avais sur moi, mais pour ce type-là, pas

____________________ *(un sou)*. Pierre, qui était avec moi, voulait intervenir, mais le type l'a tout de suite

attaqué. C'était vraiment ____________________ *(un salaud)*. Complètement ivre,

il ____________________ *(s'était fait chier)* toute la soirée et avait attendu le premier type venu pour

____________________ *(se bagarrer)*. Moi, ça me plaisait pas trop, j'ai commencé à ____________________ *(flipper)*,

et on est sortis pour avoir la paix. Pierre ____________________ *(faisait la gueule)*, et la soirée était fichue !

1 Le petit prince

Papa est destroy *(production de texte)*

Dans cette BD, Titeuf a une autre vision du jeu que celle de son père. Remplissez les bulles laissées libres pour reconstruire une histoire aussi amusante que possible.

2 La guerre des bandes

1 Ça suffixe ! *(suffixes)*

Recherchez dans le texte de votre manuel p. 49 au moins un adjectif ou un nom formé à l'aide des suffixes suivants et notez le mot de base à partir duquel ce nom/adjectif a été formé.
Puis, pour chacun de ces suffixes, notez un ou deux autres exemples construits sur le même modèle.
(En cas de doute, consultez un dictionnaire.)

Exemple : **-ial** → commercial → commerce → familial

	adjectif/nom tiré du texte	mot de base	autres exemples
-able			
-age			
-ain			
-aine			
-al			
-ance/-ence			
-ation			
-eur			
-ment			

2 Dans l'ordre *(résumé)*

Remettez les phrases ci-dessous dans l'ordre afin d'obtenir un résumé cohérent du texte p. 49 de votre manuel.

1 si cet événement montre une augmentation de la violence chez les jeunes.
2 La bataille entre les jeunes est très violente :
3 ce règlement de comptes reste exceptionnel
4 Pour commencer, l'auteur raconte l'affrontement entre deux bandes rivales dans un centre commercial de la Défense.
5 en effet, la police a besoin de deux heures pour que le calme revienne
6 Et c'est cela qui traduit un changement dans la délinquance des jeunes.
7 Le texte intitulé « La guerre des bandes » traite du problème de la violence chez les jeunes.
8 De plus, plusieurs jeunes sont blessés.
9 Ensuite, l'auteur se demande
10 Bien que des affrontements entre bandes rivales aient lieu chaque semaine dans les banlieues
11 et elle arrête de nombreux jeunes.
12 car il s'est déroulé au milieu des clients du centre commercial.

3 Tu casses, tu répares !

1 C'est re-parti ! *(préfixes / antonymes)*

a) *Parmi ces mots tirés des textes de votre manuel p. 51 et 52, soulignez ceux qui contiennent un vrai préfixe et dites quel est le mot de base qui a servi à les former. Pour tous les autres, retrouvez un mot de la même famille ou un synonyme. En cas de doute, consultez un dictionnaire.*

réaliser | régulièrement | retrouver | reconnaître | remords | réparation | réveil | rédiger
remercier | reconnaissant | revoir | réponse | récidiviste | recommencer | respecter

b) *Inscrivez dans la grille le contraire des mots ci-dessous. Les lettres contenues dans les cases grises vous donneront les mots désignant les deux personnes impliquées dans un racket.*

1 violence
2 capacité
3 chance
4 apporter
5 pareil
6 commencer
7 arrestation

8 accord
9 reconnaissant
10 réparable
11 régulier
12 justice
13 sécurité
14 efficace
15 puni
16 chaud

Solution : ______________________________

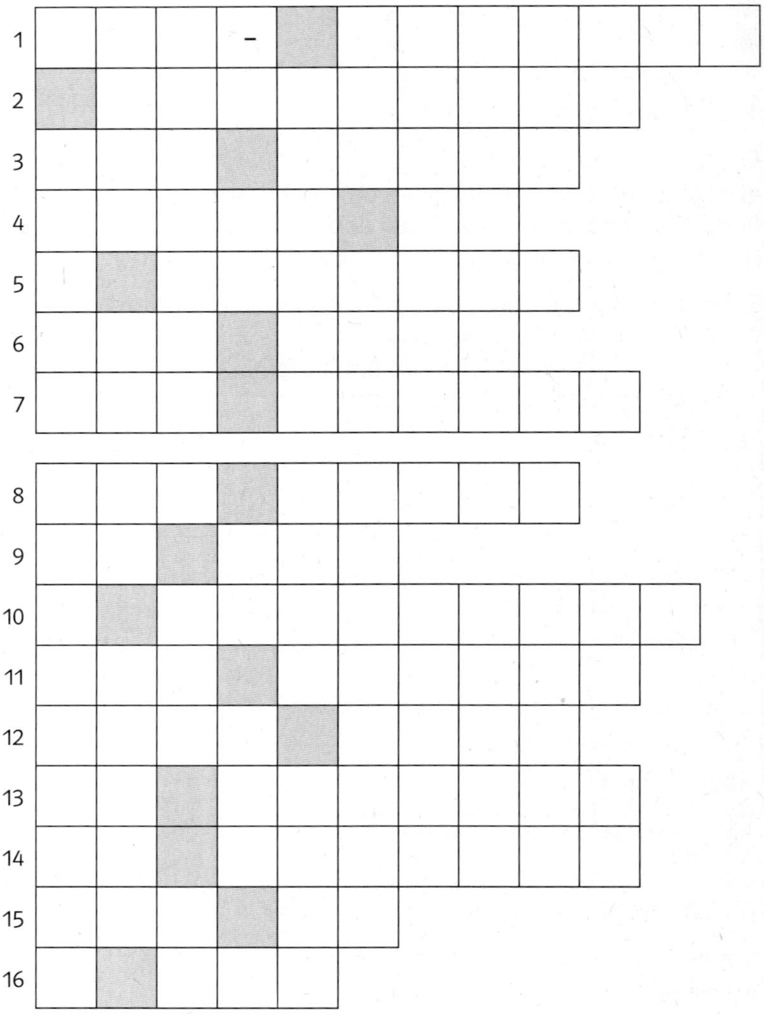

2 Ils pensent que... *(indicatif/subjonctif)* → *§§ 164–169*

Mettez les verbes entre parenthèses à la forme et au mode (indicatif/subjonctif) qui conviennent.

1 On sanctionne les infractions commises par un mineur pour qu'il ____________________ *(prendre)* conscience de sa culpabilité.

2 Les victimes expliquent souvent que ce ____________________ *(ne pas être)* l'argent qui les intéresse mais qu'elles veulent que le délinquant ____________________ *(comprendre)* le mal qu'il a fait.

3 En appliquant une mesure de réparation, on espère que le délinquant ____________________ *(répondre)* de ses actes mais sans qu'il ____________________ *(se sentir)* humilié.

4 Si, par exemple, un jeune a piqué dans la caisse d'un magasin, on peut exiger qu'il ____________________ *(venir)* y travailler pendant quelque temps.

5 Le juge peut proposer une telle mesure à condition que le délinquant ____________________ *(reconnaître)* son délit et ____________________ *(se sentir)* coupable.

6 Souvent, lorsque le coupable ____________________ *(être)* confronté à sa victime, il reconnaît qu'il ____________________ *(avoir commis)* une faute.

7 Beaucoup de gens ne croient pas que les mesures de réparation ____________________ *(pouvoir)* être efficaces.

8 Ils pensent que les jeunes délinquants ______________ *(ne pas arrêter)* pas pour autant leurs délits.

9 Ils pensent que même si le jeune ______________ *(faire)* preuve de remords, il faut qu'on le ______________ *(punir)* d'une amende ou d'une peine de prison avec sursis.

10 Ne pensons pas que nous ______________ *(réussir)* à réduire la délinquance sans sanctions sévères.

11 Cependant, le fait que les prisons en France ______________ *(être)* surpeuplées prouve que la répression ______________ *(ne pas être)* forcément la meilleure solution.

12 Bien que le Ministre de l'Intérieur ______________ *(avoir)* introduit de nouvelles lois et que la police ______________ *(faire)* des efforts, la délinquance et la violence restent préoccupantes.

4 Halte au racket !

1 Vo-ca-bles-à-for-mer *(vocabulaire)*

D'après les définitions suivantes, assemblez les syllabes ci-contre pour retrouver des mots introduits dans les textes 3 et 4 p. 51–53 de votre manuel. Avec les syllabes restantes, formez un mot qui se rapporte au texte de la p. 51.

1 L'endroit où ont lieu les procès : un ______________

2 un synonyme de *crime* : un ______________

3 le directeur d'un collège : un ______________

4 commettre un nouveau crime après une condamnation : ______________

5 un synonyme de *racket* : le ______________

6 se sentir coupable : ______________

7 à partir de maintenant : ______________

8 un synonyme d'*attentif* : ______________

9 signaler quelqu'un comme coupable : ______________

10 un synonyme de *criminalité* : ______________

Solution : ______________

AGE BI BU CE CER
CHANT CI CI CUL
DÉ DÉ DÉ DÉ DI
GI LANT LI
LIN LIT MAIS NAL
NON PA PA PAL
PRES PRIN
QUAN RA RÉ RÉ
SER SION SOR
TION TRI VER VI

2 **Ah, les conseils...** *(formuler des ordres/des conseils)*

Voici différentes façons de donner des ordres/des conseils. Lisez-les.

On peut essayer de discuter avec ses agresseurs ?

(Ne) discutez (pas) Evitez de discuter Il (ne) faut/faudrait (pas) discuter On (ne) doit/devrait (pas) discuter Il vaudrait mieux (ne pas) discuter Il serait bien de (ne pas) discuter Vous feriez mieux de (ne pas) discuter Je vous recommande/conseille de (ne pas) discuter	avec les agresseurs.

En prenant les exemples ci-dessus comme modèle et en vous servant des éléments suivants, donnez des conseils aux jeunes au sujet du racket. Variez vos réponses !

1 marcher tranquillement – ne pas montrer sa peur
2 afficher son argent – se promener dans la rue avec son nouveau portable
3 se taire par peur des représailles – continuer à payer ses agresseurs
4 employer la force – essayer de se défendre contre les agresseurs
5 demander de l'aide – parler à ses parents
6 céder au racket sans rien dire – porter plainte
7 ne pas avoir peur – s'adresser immédiatement à la police
8 identifier les racketteurs – prouver leur délit
9 ne pas avoir honte – témoigner auprès de ses camarades
10 briser la loi du silence – organiser des réunions d'information dans les établissements scolaires

5 Stop la violence !

1 **Chacun pour soi !** *(ellipses)*

Dans le manifeste Stop la violence *à la p. 55 de votre manuel se trouvent plusieurs phrases elliptiques. Relevez-les et transformez-les en phrases « complètes ».*

Exemple : Trop de violence. (L. 4) → Il y a trop de violence.
→ Ou: On voit trop de violence. / On a affaire à trop de violence.

2 **La violence, elle existe !** *(phrases segmentées)* → *§ 152*

Relisez dans votre grammaire ce que vous avez appris sur les phrases segmentées.
a) *Relevez les phrases segmentées dans le manifeste* Stop la violence *p. 55 de votre manuel.*
b) *Dans les phrases ci-dessous, mettez en relief les éléments soulignés. Là où ce n'est pas possible, faites des phrases segmentées.*

1 Il y a des crapules partout dans les quartiers.
2 Elles sont toujours responsables des agressions et des bagarres.
3 Nous sommes toujours les victimes.
4 On ne nous écoute plus, on nous condamne.
5 Certains utilisent les mots pour provoquer.
6 La provocation commence par un mot ou un regard.
7 On n'a pas besoin de sa bande pour se parler.
8 Il ne faut pas donner de pouvoir aux crapules.
9 Il ne faut pas dénoncer les caïds ?
10 Il faut s'opposer à l'injustice dans les quartiers.

1 Pour une société plus ouverte

1 C'est vachement bien ! *(adverbe)* → §§ 113–117

Complétez le texte avec les adverbes qui conviennent en inscrivant leur numéro dans la case correspondante. Plusieurs adverbes peuvent être utilisés plusieurs fois.

1 assez
2 beaucoup
3 bien
4 concrètement
5 malheureusement
6 mieux
7 plus
8 plutôt
9 récemment
10 réellement
11 rarement
12 souvent
13 tellement
14 toujours
15 très
16 trop
17 vraiment

Les adultes se plaignent ☐ des jeunes. Ils regrettent que les jeunes ne s'investissent pas ☐ dans la vie publique. Les adultes croient que la motivation chez les jeunes a ☐ diminué ces dernières années et que les jeunes choisissent ☐ d'ignorer les problèmes de société et se sentent ☐ concernés par la défense d'une cause. Mais les adultes ne se rendent pas ☐ compte des difficultés auxquelles les jeunes se heurtent. Tout d'abord, il y a ☐ souvent un manque d'information car les écoles ne font pas ☐ l'effort d'encourager les jeunes à par faire partie d'une association. En réalité, beaucoup de jeunes s'intéressent ☐ à l'idée de s'engager dans un domaine particulier mais n'ont ☐ pas le courage de franchir le pas. D'après une enquête effectuée ☐, ils se sentent confrontés à un nombre de possibilités ☐ grand qu'ils se sentent ☐ perdus. Ils aimeraient ☐ faire quelque chose mais en fait, ils ont ☐ un peu peur de s'engager ☐. Cette « peur » est un problème ☐ inquiétant chez les adolescents. Même s'ils ont ☐ conscience de l'importance d'un engagement, ils ont ☐ tendance à laisser la place aux adultes qu'ils estiment ☐ formés et ☐ expérimentés.

2 C'est de famille ! *(vocabulaire)*

Complétez le tableau ci-dessous.

verbe	nom	adjectif
s'engager		
	la défense	
		critique
agir		
valoir		
réfléchir		
—	*un citoyen*	
favoriser		
	la diversité	
		ouvert
	la consommation	

3 Il faut bien savoir s'y prendre *(vocabulaire)*

Pour chaque verbe ou expression verbale de la colonne de gauche, trouvez le/les complément(s) possible(s) dans la colonne de droite.

se sentir concerné	1	A	un film
manquer	2	B	des projets durables
réfléchir	3	C	beaucoup de place
réaliser	4	D	aux valeurs essentielles
construire	5	E	sur la question de la citoyenneté
avoir du mal	6	F	la diversité et le mélange culturels
faire valoir	7	G	autour de soi
se désintéresser	8	H	d'esprit critique
prendre	9	I	par l'humanitaire
regarder	10	J	ses idées
favoriser	11	K	à s'engager
être en retard	12	L	de la politique

4 Ce qu'il a dit *(discours indirect)* → *§§ 187–189*

Un journaliste a interviewé Hafid Ammouche sur son film « 1er mai » *et l'engagement des jeunes. Mettez-vous à la place du journaliste après l'interview : pour son article, il doit reformuler ses questions et les réponses en utilisant le style indirect et les temps du passé.*
Variez aussi les expressions que vous utilisez pour introduire le discours indirect (évitez la répétition des verbes dire *et* demander, *employez, si possible, aussi :* vouloir/désirer savoir ; vouloir/souhaiter apprendre ; répondre, déclarer, expliquer, raconter, ajouter, affirmer, constater, laisser entendre, etc.)

– M. Ammouche, vous avez réalisé un film qui s'appelle « 1er mai ». Quel message avez-vous voulu délivrer en le tournant ?
– A vrai dire, ce n'est pas moi qui l'ai tourné. Ce sont les jeunes de mon association qui se sont décidés à documenter cette manifestation contre le FN. Ils voulaient montrer que beaucoup de Français se révoltaient contre la montée de ce parti d'extrême droite. C'était leur idée et je les ai simplement encadrés.
– Est-ce que vous continuerez à combattre Le Pen ?
– Certainement. Nous ferons tout notre possible. On ne permettra jamais que le racisme s'établisse en France.
– Jacqueline Costa-Lascoux pense que les jeunes sont déçus par les hommes politiques sans toutefois se désintéresser de la politique. Quelle est votre opinion ?
– Elle a certainement raison. Les jeunes seront sans doute toujours attirés par des actions militantes ponctuelles. Mais aujourd'hui, de façon générale, ils ont du mal à s'engager.
– Qu'est-ce que la société française pourrait faire pour les encourager ?
– Et bien, l'école ne fait pas assez et, ces dernières années, n'a pas réellement cherché à encourager des initiatives de la part des jeunes. Il faudrait que les écoles soutiennent les actions des élèves et que des associations soient créées. Cela donnera sans doute envie aux jeunes de s'engager un peu plus.

2 Si j'étais Président

1 Pour bien faire *(proposition infinitive/proposition adverbiale)* → § 169

Reliez les phrases suivantes entre elles.

1 Le gouvernement devrait supprimer les 35 heures. L'économie pourrait être relancée.
2 Les femmes doivent pouvoir occuper les mêmes fonctions que les hommes. Leur salaire n'est pas inférieur à celui des hommes.
3 Plus d'éducateurs sont nécessaires. Ils viendraient en aide aux jeunes des quartiers.
4 Les élèves devraient passer leur bac. Ensuite ils devraient partir un an à l'étranger.
5 Les jeunes auraient plus d'expérience professionnelle. Ils devraient pour cela faire des stages dans le cadre de leurs études.
6 Les drogues douces pourraient être légalisées. Les jeunes devraient auparavant être suffisamment informés des risques.
7 On peut construire des pôles chimiques non loin des villes. Les mesures de sécurité sont renforcées.
8 Il faudrait créer un revenu de l'égalité. Il ne faut pas oublier les sans-abri.

2 Je préfère que... *(indicatif/subjonctif)* → §§ 164–169

Dans les phrases ci-dessous, mettez les verbes entre parenthèses au mode (indicatif ou subjonctif) qui convient.

1 Alice préférerait qu'une femme ______________________ *(avoir)* la plus haute fonction de la République.

Elle est convaincue qu'on ______________________ *(devoir)* lutter contre la discrimination raciale.

2 Henri veut que les collégiens ______________________ *(pouvoir)* participer à des manifestations.

Il est déçu que le temps de travail ______________________ *(être)* limité à 35 heures et pense qu'il

______________________ *(falloir)* travailler plus pour relancer l'économie.

3 Emilie se plaint qu'on ______________________ *(ne pas punir)* les propos racistes et désire

que tout le monde ______________________ *(apprendre)* le respect des autres. Elle regrette qu'on

______________________ *(ne pas faire)* plus d'efforts pour lutter contre le travail des enfants.

4 Ludovic est d'avis qu'il ______________________ *(être)* nécessaire qu'on ______________________

(ne plus interdire) la consommation de drogues douces. Il croit que la gratuité des transports collectifs pour

les jeunes ______________________ *(être)* une bonne chose.

5 Emilia ne croit pas qu'on ______________________ *(faire)* assez pour aider les SDF. Elle aimerait créer des

cours de tolérance pour que les jeunes ______________________ *(pouvoir)* apprendre les causes et les origines

du racisme.

6 Olivier exige qu'une police spéciale ______________________ *(intervenir)* plus souvent dans les cités.

Il est sûr que trop de jeunes ______________________ *(pouvoir)* aujourd'hui se procurer de l'alcool et propose

que l'Etat en ______________________ *(interdire)* la consommation aux mineurs.

7 Yasmina ne regrette pas qu'on ______________________ *(construire)* des commissariats dans les quartiers

chauds. D'après elle, il est dommage que le salaire des femmes ______________________ *(ne pas être)*

égal à celui des hommes.

3 **En s'engageant...** *(gérondif)* → §§ 172–173

Quand c'est possible, transformez les phrases suivantes en utilisant le gérondif.

Exemple: On pourrait construire des commissariats de police dans chaque quartier chaud. Ainsi on pourrait lutter contre l'insécurité.
→ En construisant des commissariats de police dans chaque quartier chaud, on pourrait lutter contre l'insécurité.

1 On pourrait éviter les accidents comme celui d'AZF si l'on éloignait les pôles chimiques des grandes villes.
2 Les effectifs de la police maritime devraient être renforcés. De cette façon, la pollution des mers serait peut-être évitée.
3 On pourrait interdire la consommation d'alcool aux mineurs. Ainsi, on réduirait peut-être le danger de l'alcoolisme chez les jeunes.
4 On éviterait l'ennui chez les jeunes si on leur proposait plus d'activités.
5 On pourrait élire une femme présidente. Par là, on garantirait une grande avancée à la France.
6 Si les municipalités instauraient la gratuité des transports collectifs en ville, le nombre d'accidents de la route serait considérablement réduit.
7 Si on punit les propos racistes et on apprend aux gens le respect des autres, on pourra endiguer le racisme.
8 Quand les jeunes s'engagent activement dans une association, ils ne traînent pas dans la rue.
9 Une fois que le gouvernement aura donné un toit aux sans-abri, la misère en France sera réduite.
10 Il faut encourager les jeunes à apprendre les langues étrangères ; pour cela, il faut leur faciliter les séjours à l'étranger.

3 Envie d'agir ?

Soignez votre style *(bien rédiger ses textes)*

a) *Les phrases suivantes sont formulées différemment dans le texte de votre manuel (p. 61). Retrouvez les phrases de départ et expliquez les différences (si nécessaire, servez-vous de la stratégie* « Bien rédiger ses textes » *p. 72).*

1 Vous voulez vous engager dans des actions *qui sont utiles aux autres et valorisantes* pour vous.
2 Vous avez du mal *quand vous voulez formuler* vos projets.
3 Cette opération, *qui a été baptisée* « Envie d'agir ? », a pour but de vous aider *si vous voulez réaliser* vos aspirations.
4 Les dix mille projets *qui sont présentés* constituent des invitations à l'initiative et proposent des idées d'engagement *qui pourront être méditées, reproduites ou prolongées.*

b) *Le style du texte suivant n'est pas des meilleurs. En vous servant de ce que vous avez remarqué en a) et de la stratégie* « Bien rédiger ses textes » *p. 72, améliorez le style du texte. Utilisez des appositions, essayez de remplacer les relatives par des participes présents/passés, utilisez l'infinitif et le gérondif, etc.*

Luc Ferry, qui était Ministre de la jeunesse, a voulu aider les jeunes pour qu'ils s'investissent dans la vie de la société. Il a donc décidé d'organiser un rendez-vous de l'engagement qui vise tout spécialement les jeunes qui sont âgés de 11 à 28 ans. Les jeunes qui ont envie de s'engager sont en effet confrontés à de nombreuses difficultés qui les empêchent de s'investir. L'expérience a montré que souvent ils ne savent pas où trouver des informations qui pourraient les aider dans leur démarche. Le manque d'informations les fait souvent renoncer au projet qu'ils avaient commencé. Avant qu'ils s'engagent, ils voudraient savoir concrètement quelles sont les actions qui sont à leur disposition. Le ministère a mis à la disposition des jeunes qui sont intéressés par un projet un site Internet. Sur ce site, ils peuvent trouver un grand nombre d'offres et de conseils qui peuvent les aider s'ils veulent faire aboutir leurs projets. Comme l'opération s'est révélée être un grand succès, elle a été prolongée. Cela montre que les jeunes ont apprécié les mesures que le Ministre a proposées dans le cadre d'« Envie d'agir ».

4 Ils l'ont rêvé, ils l'ont fait

1 **Qui ? Que ? Quoi ? Comment ?** *(interrogation)* → §§ 135–138

a) *(Re)lisez le texte* Ils l'ont rêvé, ils l'ont fait *(p. 62–63 de votre manuel). Imaginez que vous interviewez Coralie et formulez au moins six questions que vous voulez lui poser.*

b) *Dans les phrases ci-dessous, les mots soulignés sont la réponse à une question bien précise. Formulez ces questions.*

1 Rika et son frère sortent ensemble chaque samedi soir.
2 Leur destination n'a pas changé depuis un an.
3 Ils ont rendez-vous avec le camion des Restos du Coeur devant l'hôpital.
4 Des bénéficiaires rejoignent la petite place pour recevoir un repas chaud.
5 La première fois, ils pensaient rencontrer une dizaine de bénéficiaires.
6 On ne tutoie jamais un bénéficiaire.
7 Grâce à son bilinguisme, Rika a pu discuter avec les Polonais.
8 Avec le temps, les silences font place à des discussions.
9 Les Polonais avaient l'air de brutes au début.
10 Un peu plus tard ils lui ont apporté des fleurs.

2 Les petits mots indispensables *(prépositions)*

Complétez le texte suivant avec les prépositions qui conviennent.

Un jeune qui, ______ 19 ou 20 ans, rentre ______ Restos du Coeur n'en est pas toujours ______ sa première bonne action. Parfois, il a déjà été bénévole ______ un Service Municipal de Jeunesse ou bien membre ______ une association à caractère humanitaire. Certains ont à peine 18 ans, débordent ______ énergie et commencent une discussion ______ leur engagement. Mais souvent, quand on leur demande pourquoi ils s'investissent, ils ont du mal ______ répondre. Ils n'ont pas vraiment réfléchi ______ leurs motivations. Est-ce parce qu'ils ont profité ______ une vie ______ grands problèmes qu'ils veulent partager quelques instants ______ ceux qui manquent ______ tout ? ______ trois ans, Mélanie a tout fait ______ l'association fondée ______ Coluche. ______ début, elle est allée ______ les camions des Restos du Coeur ______ distribuer ______ vingt heures ______ 300 repas ______ une soirée. Elle s'enthousiasme ______ les discussions ______ les bénéficiaires qu'elle rencontre souvent ______ hasard ______ la sortie ______ métro.

3 Un beau projet *(place de l'adjectif)* → *§§ 41–45*

Remettez les adjectifs suivants dans le texte en inscrivant leur numéro devant ou derrière les mots auxquels ils se rapportent (ici en italique). N'oubliez pas d'accorder les adjectifs. Certains adjectifs peuvent être utilisés plusieurs fois.

1 autre	12 long
2 bénévole	13 normal
3 chaud	14 ordinaire
4 dernier	15 parisien
5 différent	16 petit
6 difficile	17 propre
7 dur	18 scolaire
8 fugitif	19 seul
9 grave	20 suffisant
10 jeune	21 vieux
11 joli	

Pour Rika et Grégoire, un ☐ *samedi soir* ☐, ce sont de/des ☐ *heures* ☐ avec le camion des Restos du Cœur à l'entrée d'un ☐ *hôpital* ☐. Beaucoup de bénéficiaires viennent sur cette ☐ *place* ☐ pour recevoir un ☐ *repas* ☐, peut-être leur ☐ *repas* ☐ de la journée. Sans la/l' ☐ *aide* ☐, ces gens, qui ont souvent traversé de/des ☐ *épreuves* ☐, auraient une ☐ *vie* ☐. Ces bénéficiaires au ☐ *regard* ☐ ont avec le temps fini par discuter avec les ☐ *bénévoles* ☐ comme avec de/des ☐ *amis* ☐. La ☐ *semaine* ☐, ils ont même apporté à Rika de/des ☐ *fleurs* ☐ achetées avec leur ☐ *argent* ☐. Coralie s'est décidée pour un ☐ *bénévolat* ☐. Depuis le/l' ☐ *an* ☐, elle se rend toutes les semaines chez une ☐ *Marocaine* ☐ qui a de/des ☐ *problèmes* ☐ parce qu'elle n'a pas de/d' ☐ *connaissances* ☐ en français : cela a de/des ☐ *conséquences* ☐ sur les ☐ *matières* ☐. Pour Coralie, s'engager est une ☐ *démarche* ☐. Les copains de Coralie ont des/d' ☐ *préoccupations* ☐ et ne comprennent pas qu'elle fasse du/d' ☐ *soutien* ☐ sans se faire payer.

5 Etres humains

1 Serpent de mots (vocabulaire)

Trouvez dans la grille les mots qui correspondent aux définitions ci-dessous. Attention, les mots s'enchaînent les uns aux autres dans tous les sens, sauf en diagonale.

Exemple : le fait d'accomplir un travail gratuitement et sans y être obligé → (le) bénévolat

B	R	I	H	U	N	I	F	I	C	C	A	U	S	N
E	A	T	E	M	A	T	E	A	I	R	M	E	E	O
N	D	I	L	O	S	A	N	I	R	E	A	R	S	I
E	V	O	L	A	T	I	E	S	E	T	N	I	A	T
N	E	G	A	G	N	R	B	O	U	S	I	A	S	A
T	M	E	Y	E	E	E	E	I	T	E	F	L	S	I
C	I	T	O	N	N	E	T	E	N	S	C	O	O	C

1 le fait d'être solidaire ______________________

2 qui a pour but le bien de l'humanité ______________________

3 l'action de s'engager ______________________

4 la qualité de citoyen ______________________

5 personne qui reçoit une aide ______________________

6 le fait d'aider des élèves en difficulté *(2 mots)* ______________________

7 se rassembler pour exprimer une opinion ______________________

8 ce pour quoi on s'engage *(pluriel)* ______________________

9 groupement de personnes qui s'unissent pour un but précis ______________________

2 A vous ! (écrire un poème)

A deux, continuez les poèmes suivants sur le modèle de Etres humains, *p. 64 de votre manuel. Les mots donnés entre parenthèses sont là pour vous aider, vous n'êtes cependant pas obligés de les intégrer dans vos textes.*

1
Etres humains
Ne tolérez pas la destruction de l'environnement
(pollution / déchets / nettoyer / améliorer)

2
Jeunes des banlieues
Ne vous laissez pas entraîner dans une bande
(violence / délinquance / refuser / avenir)

3
Elèves de notre lycée
Pensez à votre avenir
(profiter de la vie / amis / être heureux / projets / confiance)

Auto-évaluation après

A Où en est votre grammaire ?

1 *Transformez en phrases négatives.*
a) La famille, c'est ringard et nul.
b) Tout le monde pense qu'il est facile de s'engager dans une association.
c) Les nuits passées devant l'ordinateur l'ont toujours empêché de finir ses études.

2 *Remplacez les subordonnées par des constructions contenant soit un gérondif, soit un participe présent.*
a) Comme les jeunes ne savent souvent pas ce qu'ils veulent faire plus tard, ils se sentent un peu perdus.
b) On ne résoudra pas forcément le problème du tabagisme si on interdit la cigarette à l'école.
c) Des réunions qui informent les jeunes sur les dangers du tabac seraient sans doute une bonne chose.

3 *Reformulez les phrases ci-dessous en mettant en relief les éléments soulignés.*
a) La peur de l'avenir est très présente <u>chez les jeunes</u>.
b) <u>Je</u> me pose beaucoup de questions.
c) <u>Mes copains</u> m'ont incitée à fumer.

4 *Complétez les phrases suivantes avec les pronoms relatifs qui conviennent.*

a) J'ai lu un article dans ________________ une jeune fille racontait son coming-out.

b) Un tiers des 15–17 ans ________________ les parents sont séparés vivent aujourd'hui dans une famille recomposée.

c) Je confie à ma meilleure amie des choses ________________ je ne raconterais pas à tout le monde.

d) Je lui ai pris la main, ________________ était sans doute une erreur.

5 *A vous de voir : adjectif ou adverbe ? Complétez les phrases suivantes.*

a) Je ne suis ______________________ *(absolu)* pas pressée d'entrer dans la vie professionnelle.

b) Je trouve que la prévention du sida n'est pas ______________________ *(suffisant)* dans les écoles.

c) Bien que je ne voie mon père que le week-end, on s'entend ______________________ *(bon)*.

d) Je me suis dit qu'il fallait quand même répondre ______________________ *(sincère)* à sa question.

6 *Dans l'entretien suivant, mettez les verbes aux temps et aux modes qui conviennent.*

LE PÈRE : Tu __________ *(être)* maintenant en terminale. As-tu déjà une idée de ce que tu ________________ *(faire)* après le bac ? Moi, quand j' ________________ *(avoir)* ton âge, je/j' ________________ *(savoir)* déjà ce que je/j' ________________ *(vouloir)* faire. Bien que mon père ____________________ *(avoir essayé)* de m'influencer dans ma décision, je/j' ________________ *(être devenu)* ingénieur comme j'en ________________ *(rêver)*. Pourtant, aujourd'hui, si j' ______________ *(avoir)* à nouveau le choix, je/j' ______________ *(faire)* autre chose, prof par exemple.

LE FILS : Prof, ah non, pas question ! Mais ____________________________ *(ne pas s'inquiéter)*. Jusqu'au bac, il ________________ *(rester)* encore 9 mois. Et après, on ________________ *(voir)*. Mais avec mon bac L, je ________________ *(ne pas savoir)* quelles ________________ *(être)* mes possibilités.

LE PÈRE : Tu vois, tu ________________ *(avoir dû)* faire un bac S comme je te le/l' ________________ *(conseiller)* !

B Vos progrès en français.

1 *Dans quelle mesure pensez-vous maîtriser les domaines suivants après avoir travaillé avec le cahier d'activités ?*

Domaines	ni mieux ni moins bien qu'avant	mieux qu'avant mais toujours pas bien	bien
Vocabulaire			
Formation de mots : suffixes, préfixes			
Français familier			
Grammaire			
Place de l'adjectif			
Comparatif, superlatif			
Pronoms personnels			
Pronoms adverbiaux y/en			
Pronoms relatifs			
Les compléments du verbe			
Adverbe			
Prépositions : emploi			
Impératif			
Interrogation			
Négation			
Phrases conditionnelles			
Phrases elliptiques			
Mise en relief			
Proposition infinitive/proposition adverbiale			
Subjonctif : formation			
Subjonctif : emploi			
Imparfait/Passé composé			
Gérondif/participe présent			
Discours indirect			
Stratégies			
Apprendre et réviser le vocabulaire			
Bien utiliser les dictionnaires			
Lire et comprendre un texte			
Repérer les informations d'un texte			
Résumer un texte			
Caractériser un personnage			
Décrire une image			
Rédiger une lettre privée			
Participer à une discussion			

2 *En prenant en compte les réponses données en 1, relevez les domaines dans lesquels vous avez encore des difficultés. Comment pensez-vous pouvoir vous améliorer ? Complétez le tableau ci-dessous.*

Domaine(s)	Mon professeur peut m'aider en…	Je peux m'améliorer seul(e) en…